The Encounter of Being and Existence

OUR CREDO

Sacred Garden

우리의 크레도

존재와 실존이 만나는 신앙고백

김 리 아 著

신의정원

OUR
CRE
DO

우리의 크레도
존재와 실존이 만나는 신앙고백

초판 1쇄 2025년 5월 17일

지은이 ǀ 김리아
펴낸곳 ǀ 신의 정원
총괄진행 ǀ 서　광
책임편집 ǀ 성현철 박혜원
교열교정 ǀ 김계수 신수현 서수현
디자인 ǀ 박찬우

등록번호 ǀ 제2021-000009호
주소 ǀ 서울시 강서구 마곡중앙6로 11, 보타닉파크타워 3 B107
전화 ǀ 02-2644-5121

ISBN 979-11-980483-3-2

| 차례 |

프롤로그

우물에 귀 기울이면
메아리가 울린다.
땅이 삼킨 조용한 꿈.
말없이 하늘을 쳐다보면
그곳에 누군가 숨겨둔 질문 하나.

존재와 실존을 잇는 우물

교회는 존재와 실존을 잇는 유일한 장소다. 그곳은 스스로 닿을 수 없는 어떤 존재가 희망의 구멍을 낸 곳이다. 인간은 죽음을 향해 달려가는 시간을 책임질 수 없기에 탄식하고 절망하지만, 신기하게도 그 구멍에서는 맑은 물이 솟아나 목마른 이들이 해갈하고 자신의 얼굴을 비춰본다. 그 구멍은 영원히 마르지 않는 우물이다. 그 우물은 그저 주어졌으며, 선물로 물맛을 본 이들의 감사와 헌신으로 유지된다. 물맛이 달라졌을 때 우리는 공동 경계구역이 뚫렸음을 직감한다. 그 구역 중 하나는 초월적 존재의 영역으로서 물맛을 유지하는 근원이다. 다른 하나는 구체적인 실존의 영역으로 이 근원이 끊임없이 스며들어 해갈하고 감격하게 하는 삶이다.

이 책에서는 우리가 매주 고백하는 사도신경을 묵상함으로써, 존재와 실존이 만나는 믿음의 접속면을 구체화하고자 한다. 각 장의 묵상 말무리에 두 신학자도 함께 초대했다. 존재를 대변하는 신학자 칼 바르트Karl Barth와 실존을 대변하는 폴 틸리히Paul Tillich다. 바르트는 말한다. "하나님은 인간이 스스로 도달할 수 없는 곳에서 자신을 계시하신다." 그의 신학은 인간의 모든 이해와 가능성 위에 초월적으로 임하시는 하나님의 자유를 말한다. 존재는 오직 하나님 자신 안에 있으며, 우리는 그 앞에서 자신의 한계를 분명히 인식하고 자신을 부정할 때만 부르심 앞에 설 수 있다. 반면 틸리히는 다음과 같이 고백한다. "믿음이란 인간 실존의 무한한 불안을 껴안고, 그것을 통해 궁극적 실재를 신뢰하는 것이다." 그의 신학은, 보다 인간이 살아가는 실존의 삶과 가깝다. 그는 인간 내면 깊은 곳에서 터져 나오는 존재론적 불안, 소외와 무의미의 잿더미 속에서 하나님을 다시 발견하려는 길을 걸었다.

두 학자의 노선은 표면적으로는 정반대를 향하고 있는 것 같으나, 참된 신앙은 두 대극이 하나가 되는 지점에 있다. 이 두 가지 목소리가 분리될 때 신앙은 기형이 된다. 먼저 존재의 문이 닫히면 우리는 실존에 갇히게 된다. 이때 신은 인간 존재의 한 부분, 곧 자기 이해나 심리적 상태의 표현으로 축소되고 자기 위로와 자아 강화의 수단으로 전락한다. 그 결과 나에게 의미 있는 것이 곧 '진리'가 되고 '내 느낌'이 신보다 우위에 서게 된다. 이때 '덕'과 '성찰'이란 말은 얼마나 가증스러운가! 사실 그는 신을 믿는 것이 아니다. 자신의 이성과 실존적 체험을 숭배하며 자기를 신앙의 중심에 세우는 것이다. 그러나 실존 없는 신앙이란 또 얼마나 우매하기 쉬운가! 오직 타자로서만 존재하는 초월적 신을 믿는 이는 "신이 보시기에"라고 말하며 훌륭한 종교인인 체하지만, 사실은 하나님을 제대로 체험해 보지 못했기에 초월적 시선과 힘을 신적 타자로 착각하며 산다. 그는 인격적 하나님을 체험하지 못한 채 타인을 함부로 판단한다. 정작 내면의 변화는 없이 위선과 자기기만을 강화하는 종교적 골칫덩어리가 된다.

이렇듯 우리가 부정의 길Via Negativa과 긍정의 길Via Positiva 어느 한편에서 기우뚱거릴 때, 결국 교회는 물맛이 달라진다. 교회는 영적 체험의 소비 시장이 되고, 구원은 자기 극복의 서사로 전락한다. 다른 양상도 있다. 신앙이 경직된 체계와 관념과 율법으로 고착화되는 것이다. 살아계신 하나님은 종교적 틀 속에 갇히고, 변질된 진리는 생명을 낳지 못하고, 말씀은 가슴에 닿지 않고, 그 결과 교회는 거룩함을 가장한 무관심과 정죄의 목소리로 가득 찬다. 하늘과 땅을 잇는 접속면이 되어 경외와 감격, 감사가 흘러야 할 예배는 종종 인간의 욕구를 만족시키기 위한 공연이 되거나, 반대로 생기를 잃은 의무적 관습이 될 뿐이다. 존재와 실존의 언어는 각각 다른 문을 두드리지만 두 언어는 궁극적으로 하나의 접점을 향해 나아가야 한다. 하나님은 초월자이시지만 동시에 실존의 가장 깊은 심연 속에서 우리를 부르신다. 존재는 실존을 통해 드러나고, 실존은 존재에 닻을 내려야 비로소 구원에 이른다. 예수 그리스도는 바로 그 길이며, 두 길의 완성으로 계신다.

사도신경이 전하는 공동의 신앙고백은 이 둘의 질서 있는 화해를 요청한다. 존재를 부정하지 않고, 실존을 외면하지 않는 신앙, 초월과 내재, 영원과 순간이 만나 숨 쉬는 신앙, 닿을 수 없는 하나님이 예수 그리스도로 이 땅에 오셨음을 믿음으로써 인간이 자신의 정체성을 다시 발견하는 신앙, 인간 안에 내주하신 성령 하나님이 자신의 생명을 새롭게 드러내는 신앙, 삼위일체 하나님의 생명과 관계가 삶 안으로 들어와 역사하는 믿음이다.

존재의 부름과 응답의 해석학

사도들의 고백은 교리라는 언어를 통해 구체화되지만, 동시에 그 언어를 넘어서 존재한다. 어떤 이들은 교리가 너무 추상적 개념에 머물러 있다고 생각하기도 하고, 때로 개인의 내면적 경험을 충분히 담아내지 못한다고 느끼기도 한다. 더 나아가 하나님의 자유롭고 무조건적인 사랑을 교리의 틀 속에 충분히 담아낼 수 있는지 의문을 제기하기도 한다. 그러나 그렇다고 교리가 불필요하거나 폐기되어야 할 것은 아니다. 기독교 교리는 예수를 그리스도로 고백하는 공동체가 삶과 성경, 전통과 실천 사이를 연결할 수 있는 좌표가 되어준다. 자칫 망망대해처럼 느껴질 수 있는 광대한 신앙의 바다 가운데서 방향과 중심을 제공하는 등대 역할을 하는 것이다. 그래서 우리는 교리를 통해 기독교가 전하는 복음의 핵심을 알 수 있다. 동시에 교리를 넘어 역사하시며, 우리에게 신비로 다가오시는 하나님께 마음을 열어야 할 것이다. 아울러 교리가 낯설고 멀게 느껴지지 않도록, 오늘의 언어와 삶의 정황 속에서 그것을 풀어내고 해석해 내는 신학적 수고도 병행되어야 할 것이다. 이러한 신중한 해석과 열린 태도 안에서 교리는 살아 있는 신앙의 문법이자, 우리를 진리의 깊은 자리로 이끄는 도구가 될 수 있을 것이다.

사도신경은 기독교의 중요한 교리이자 신앙의 핵심을 요약하는 신앙고백문으로서, 존재 자체이신 하나님의 초월성과 인간 실존의 전슝 존재적 응답을 동시에 요구한다. 그러나 초월성을 담지하는 존재와 내재성을 담지하는 실존성이 어떻게 만날 것인가는 여전히 중요한 과제로 남아 있다. 바르트는 하나님의 전적인 초월과 자유로운 계시를 강조했지만 틸리히는 인간 존재의 구조적 소외와 그 극복을 중심 주제로 삼았다. 바르트는 하나님의 계시를 인간 경험의 범주로 환원하지 않고, 하나님 자신이 주체가 되어 인간을 부르신다고 보았다. 이에 따르면 신앙은 인간의 내적 구조나 욕망에서 출발하는 것이 아니라, 하나님의 선포 앞에 인간이 응답하는 사건이다. 반면, 틸리히는 인간 실존의 구조를 강조했다. 인간 존재는 궁극적 관심Ultimate Concern 을 품고 있으며, 신앙은 존재 깊은 곳에서 솟구치는 결단적 응답이다. 하나님은 인간 실존의 열림 속에 현존한다.

바르트와 틸리히를 연결하는 것은 초월적 계시와 실존적 열림이 함께 살아 있는 신앙으로 존재하는 것을 의미한다. 문제는 그 접속면이다. 바르트의 초월성만 강조하면 사도신경은 외부 계시를 수동적으로 받아들이는 선언이 된다. 반대로 틸리히의 실존성만 강조하면 사도신경은 인간 실존의 한 표현으로 축소될 위험이 있다. 이 연결은, 신앙이 단순한 외부적 반응이나 내면적 열정이 아니라 존재 전체를 건 거룩한 만남-복음 사건으로 벌어질 때 일어난다. 이 만남은 초월성과 실존성의 긴장 관계를 살아 있는 자신의 신앙 구조로 수용할 때만 가능하다. 이 수용은 하나님의 계시가 인간 존재 안에서 살아 있는 사건이되게 하는 긴장 구조로 이해되어야 한다. 그 해답은 우리 실존과 틈, 그럼에도 불구하고 넘치는 은총에 있다. 그 고백은 구체적인 이야기로 구성되며, 그 구체적인 만남 안에서 의미가 부여된다. 믿음도 마찬가지다. 고통, 상실, 두려움, 기쁨, 희망이라는 실존적 사건들은 삶 속에 일어난 '텍스트'이며, 진리와 연결될 때 살아 있는 의미가 생성된다. 또한 믿음은 고난 중에도 '하나님의 메시지'를 듣고자 하는 자의 해석적 감각이며, 보이지 않지만 믿음으로 자기를 말씀 안에 위치시키는 진지한 독해다. 믿음이 자리하는 실존성은 아무것도 없는 결핍으로서의 무無가 아니라, 카오스 같지만, 삶과 자신에 대한 어떤 잠재성을 지닌 넘치는 무이기 때문이다. 그래서 믿음은 바로 보이지 않는 실상의 세계가 이 땅에 연결되어 있다고 믿는 이의 마음과 밀접하게 연관되어 있다.

그래서 같은 고난을 겪고도 어떤 이는 믿음이 자라고, 어떤 이는 믿음을 떠난다. 믿음이란 사건 자체를 초월한다. 믿음은 사건과 나 사이에 형성된 거리에서 발생한 간극에 대한 해석과 결단이 들어있는 응답이다. 이 거리가 믿음으로 채워지면 은총이 되고, 회피로 채워지면 절망이 된다. 이 지점에서 순종이 빛을 발한다. 순종은 단순히 믿음의 증거가 아니라 믿음의 해석이 진짜였음을 입증하는 해석 행위의 연장이다. 하나님을 '신뢰한다'는 고백은 반드시 삶을 거는 선택, 즉 존재 전체로 응답하는 결단을 포함해야만 한다.

믿음은 이해할 수 없음도 받아들인다. 은총이란 바로 한계 있는 실존의 자리에 불합리하지만 새로운 미래의 파동을 열어주는, 전혀 다른 차원의 개입이다. 즉, 믿음은 그저 텍스트에 대한 반응이 아니라, 그 둘 사이에 개입하시는 하나님의 적극적인 은총 사건이다. 믿음은 인간의 해석을 동반하지만, 그 아리송한 해석의 여정이 실제로 존재화되는 사건은 인간과 세계 바깥에서 벌어진다. 이것이 알 수 없는 은총이요 선물이다. 그렇기에 믿음은 잠정적이고 열린 응답, 다시 말해 "지금은 희미하나, 그때에는 얼굴과 얼굴을 대하듯"고전 13:12 알게 될 것이라는 종말론적 신뢰의 구조 안에 있다. 믿음은 불완전한 실존과 이해 속에서도 하나님의 선하심이라는 해석적 공리를 놓지 않는 행위이다. 그것은 해석이 끝나지 않았음을 인정하면서도, 지금 이순간 주어진 빛에 응답하며 사는 용기다.

이 책을 통해, 존재와 실존을 잇는 신앙고백 속에서 하나님의 은총이 복음 사건이 되는, 신나는 놀이터를 경험하기를 바란다. 삶을 살다 보면 믿음이 절실해지는 때가 있다. 믿음 없이는 결코 삶을 견딜 수 없을 것 같은 고통스러운 순간들 말이다. 하지만 역경이 있다고 해서 모두가 믿음이 자라고 강건해지는 것은 아니며 오히려 낙심하여 아예 믿음으로부터 멀어질 수도 있다. 그래서 환경이 좋은지, 나쁜지보다 우리의 마음이 믿음의 고백에 걸맞은 옥토인지가 가장 중요하다. 삶은 믿음을 통해 재해석되어야 한다. 고통도, 은총도, 텍스트와 같다. 해석되지 않으면 단지 지나가는 사건일 뿐이다. 그러나 한 사람이 고통을 비롯한 삶의 이야기들을 '하나님 안에 있는 나의 이야기'로 신뢰하고 접속하며 응답하는 순간, 믿음은 우주가 합창하는 공동의 고백이 된다.

사도신경의 모든 조항은 신앙의 핵심 진술로 구성되어 있지만, 그것은 단지 지적 동의나 교리 암송의 대상이 아니다. 이 믿음의 고백은 신앙의 시작이 아니라, 우리의 전 생애를 통해 계속해서 새롭게 진술되어야 할 여정의 언어이다. 무엇이 옳은 신앙인지 길을 잃은 이들에게, 사도신경은 첫 부르심의 숨결이 스며 있는 고백의 자리로 우리를 초대하고 있다. 바로 그 자리에서 우리는 하늘과 땅이 만나는 접속면을 다시 딛는다. 그리고 그곳에서 믿음은 단지 말이 아니라, 살아 움직이는 응답이 된다.

- 살아 있는 공동의 고백이 우리 안에 울려 퍼지기를 기도하며

김리아

우리의 크레도

사도신경의 첫 문장은 "나는 전능하신 아버지 하나님을 믿사오며"이지만, 이 고백문의 각 문장을 관통하는 시작은 마음 깊은 곳에서 터져 나오는 한 문장, "나는 믿습니다."라는 존재 전체의 응답이다. 바르트에게 믿음은 인간 자신의 종교적 결심이나 이념이 아니다. 깨우시는 성령에 의해 인간이 예수 그리스도의 존재와 사역을 '인식'하게 되는 '사건'이다. 바르트는 말한다.

> 왜 '인식'인가? 이미 살펴보았듯이, 이 믿음의 저변에는 창조적인 사건, 곧 성령의 능력 안에서 일어난 예수 그리스도의 존재와 활동, 그리고 그것을 통해 인간이 믿음에 눈뜨게 되는 사건이 전제되어 있다. 믿음은 이 사건에 바탕을 둔 인간의 행위로서, 예수 그리스도의 존재와 사역을 단순하게 인식하는 '인지적 사건'이다.[1]

---

1 Barth, Karl. *Church Dogmatics, Volume IV: The Doctrine of Reconciliation, §§61-63*. Edited by G. W. Bromiley and T. F. Torrance. Edinburgh: T&T Clark, 2009, 247.

여기서 바르트는 믿음이 인간의 인지적 사건이고 행위라고 말하지만, 그 주도권이 철저히 성령의 인도와 예수 그리스도의 존재와 행위에 있다고 말한다. 믿는다는 것은 이 선재하는 은혜의 사건을 수용한 이에게 일어난 인식의 혁명과도 같다. 한편 틸리히는 실존적 깊이라는 관점에서 다음과 같이 믿음을 정의한다.

> 믿음은 인격의 총체적이고 중심적인 행위이며, 무조건
> 적이고 무한하며 궁극적인 관심이다. 여기서 한 가지
> 물음이 제기된다. 과연 이 모든 것을 포괄하고 또 모든
> 것을 초월하는 이 절대적인 관심의 근원은 무엇인가?[2]

틸리히에게도 믿음은 확신이나 감정이 아니라 궁극적 관심이다. 그리고 이 관심의 근원이신 하나님을 향해 질문이 생기게

---

2 Tillich, Paul. *Dynamics of Faith*. New York: Harper & Brothers, 1958, 8.

한다. 즉 이 고백은 단순히 감정의 발화가 아니라 존재 깊은 곳에서 일어난 하나님을 향한 '물음'을 동반하는 것이다.

그래서 신앙은 자신이 살아가는 삶의 실존적 구조를 질문으로 바꾸며, 그 질문에는 인간의 의미를 재구성할 수 있는 역동성이 있다. 즉 믿음은 단순히 '믿는다'라는 감각적 느낌이나 확신이 아니라, 나를 존재시키고, 깨우침을 통해 재해석하고, 새롭게 관계 짓게 하는 무엇이다. 이 믿음이 차원 다른 은총의 깊은 흐름 속에서 터져 나오는 감격스러운 응답이 될 때, 신앙고백은 내가 쥐어 짜낸 결심이나 주문이 아니라 삶을 변혁하는 사건이 된다. 이때 믿음은 고요하지만 격렬하게, 삶의 모든 행간을 뒤흔든다. 따라서 "나는 믿습니다."는 단순한 선언이 아니다. 하나님께서 우리를 부르셨고, 우리의 존재가 실존 전체의 질문을 담아 그 말씀의 부름 앞에 응답하는 고백이다.

그 부르심에 응답하며 우리는 고백합니다.

"나는 믿습니다."

OUR
CRE
DO

1장

전능의 숭고 | 오해를 멈추다

전능하신 하나님을 믿는다는 고백에는 존재의 근원으로부터 나오는 긍정과 신뢰의 응답이 담겨 있습니다. 하나님은 우리를 압도하고 지배하고 노예처럼 부리기 위해 전능하신 것이 아닙니다. 그분은 우리를 한없이 자유롭게 하시기 위해 전능하십니다. 하나님의 전능은 생명을 창조하고 구원하고 다스리시기 위해, 생명의 근원으로 인도하시는 아버지가 되시기 위해 있습니다.

1

전능성의 재발견

삶은 뒤얽혀 있다.
이 뒤얽힘이 유독 힘들고 아픈 까닭은
내 맘대로 휘두를 수 있는 우상이 없기 때문이다.

사도신경은 "전능하사 천지를 만드신 하나님 아버지를 믿사오 며"라는 고백으로 시작합니다. 기독교 신앙의 시작은 하나님을 '전능하신 아버지'로 고백하는 것입니다. 이 고백은 단순히 우 주의 창조자에 대한 사변적 진술이 아닙니다. 여기에는 하나님 과 인간 사이의 인격적 관계, 곧 아버지와 자녀의 관계에 관한 근본적인 인식이 담겨 있습니다.

본래 종교의 탄생 저변에는 전능에 대한 갈망이 있었습니다. 사 람들은 오래전부터 죽음과 고통, 질병, 천재지변을 초월하는 능 력을 지닌 신을 갈망했습니다. 물론 이런 한계를 초월하는 전능성이 없다면 그 존재를 신이라고 부르기는 어려울 것입니다. 그러나 전능함이 단지 이러한 속성이라면, 우리는 두 가지 의문을 가지게 됩니다. 첫 번째는 신의 전능함 앞에서 인간은 아무것도 할 수 없는 무기력한 존재가 된다는 것입니다. 두 번째는 신의 전능성과는 별개로 세상에는 악과 고통이 여전히 팽배하다는 것입니다. 이 의문들은 '전능성의 딜레마'를 초래합니다.

『고양이를 빌려드립니다』(2012)라는 일본 영화가 있습니다. 결혼하지 않고 고양이를 키우며 사는 여자의 이야기입니다. 여자는 원래 할머니와 둘이서 의지하며 살았지만 미우니, 고우니 해도 서로 의지하며 살던 할머니가 돌아가시니 마음이 너무 허전합니다. 마음에 큰 구멍이 생겼습니다. 마음에 구멍이 있으니 어떻게든 그것을 메우고 싶어 합니다. 그녀의 일기를 보면 멋진 남자를 만나 결혼하고 가정을 꾸리는 것이 꿈이라고 쓰여 있습니다. 꿈은 좋은 남편을 만나 예쁜 가정을 꾸리는 것인데, 길거리에 나가면 이상하게도 길고양이들만 여자를 따라다닙니다. 나중에는 고양이 16마리를 몰고 다니게 되는 지경에 이르게 됩니다. 문득 고양이들이 불쌍하다는 마음이 든 여자는 이젠 고양이들을 집으로 데려와 돌보느라 정신이 없습니다. 정신없이 살다 보니 시간도 빨리 지나갑니다. 그러다가 고양이 수가 많아지니 고양이를 분양하기 시작합니다. 그녀는 결국 고양이를 돌보고 분양하는 일을 계속하면서 원래의 자기 목표와는 상관없는 삶을 살게 됩니다. 결혼하고 싶던 여자가 고양이를 돌보며 착한 일을 한다는 것이 이 영화의 주제는 분명 아닙니다. 이 영화는 현대인이 구멍 난 마음을 무언가로 메우며 살고 있다는 것에 초점을 맞춥니다. 하나님도 때로 이 마음의 구멍을 메우는 데 이용됩니다. 그러다 보면, 신이 외로움을 달래주고 허전함을 메워줄 고양이의 대체물로 여겨지거나, 다양한 문제들을 해결해 주는 심부름꾼으로 전락할 수도 있습니다. 원하는 대로 되지 않을 때는 슬퍼하거나, 절망하거나 화를 내고, 심지어는 하나님이 우리의 기대에 어긋날 때 과감히 다른 신으로 대체합니다. 신의 전능성을 이러한 방식으로 이해할 때, 결국 하나님은 힘의 우상이 되어버립니다.

그렇다면, 사도들이 고백한 전능하신 하나님은 이 구멍을 메우는 우상과는 무엇이 다른지 살펴볼 필요가 있습니다. 하나님의 전능성이 가장 직접적으로 나타난 지점은 바로 예수 그리스도입니다. 이것을 믿음으로 고백하는 사람들이 바로 그리스도인입니다. 우리는 그리스도라는 특별한 계시를 통해 전능하신 하나님의 존재와 성품을 온전히 이해하게 됩니다. 예수 그리스도는 공생애와 십자가, 부활을 통해 진정한 전능의 의미를 보여주셨습니다. 하나님의 전능함은 지배와 정복, 문제 해결을 넘어선 힘입니다. 그것은 바로 신뢰와 순종, 자기를 부정하고 근원과 일치할 힘과 사랑입니다. 그리스도께서 보여주신 전능함은 어떤 경우에도 하나님의 능력과 사랑에서 우리를 끊어낼 수 없는 아버지와의 관계로부터 비롯되었습니다. 이 전능하신 하나님의 사랑으로 인해 우리는 사망 권세로부터 해방되었으며, 의의 길로 살게 되었습니다. 그 사랑의 열매는 구원과 창조와 연대로 나타납니다. 우리는 하나님의 전능성 안에서 성령으로 자신과 공동체의 삶을 새롭게 하는 능력을 받았습니다.

이제 우리는 예수 그리스도를 통해 하나님의 전능성이 무엇인지 올바로 알게 됩니다. 그것은 바로 사랑의 전능성, 악과 사망의 권세에서 구원하고 생명으로 창조하며 사랑으로 하나 되게 하는 전능성입니다. 살아계신 하나님은 지금도 성령을 통하여 이 전능성을 우리에게 부어주고 계십니다. 숱한 어려움 가운데에도 끝까지 사랑하게 하고, 죄와 사망에서 자유롭게 하시며, 악의 세력을 이기고 마침내 새로운 삶을 창조할 수 있는 능력을 주십니다. 로마서 8장 31~39절은 이 사랑의 전능함에 대해 선포합니다. 하나님의 사랑이 나타나는 곳에는 어떤 어려움이나, 환난, 칼의 위협에도 굴하지 않는 승리와 사랑의 역사가 나타납니다.

전능은 획일적이지 않다.
그 힘에는 속살 아픈 신비가 함께 있다.

선택과 예정에 대한 교리 또한 사랑의 신비가 담긴 전능성 안에서 이해해야 합니다. 전능성에 대한 그릇된 환상이 작용할 때는 하나님의 선택과 예정조차도 배타적인 우월과 특권으로 생각합니다. 그러나 하나님의 선택은 소수에게 특혜를 주거나 차별하기 위함이 아닙니다. 그러한 오해는 우리의 죄 된 본성과 이기심에서 비롯됩니다. 하나님의 선택은 믿는 자들을 부자나 권력자가 되게 하려는 것도 아니며, 선택받지 않은 이들을 미워하여 지옥에 보내기 위함도 아닙니다. 하나님의 선택에는 언제나 전체를 향한 보편적이고 근원적인 사랑이 전제되어 있습니다. 그 사랑은 악인과 선인 모두에게 똑같이 은혜를 부어주시는 조건 없는 사랑입니다. 그분은 선인과 악인을 똑같이 사랑하시며 빛을 비춰주십니다마 5:45.

이 말씀은 보상 심리로 신앙생활을 하는 이에게는 매우 억울하고 불평등하게 느껴질 수도 있습니다. 마치 돌아온 탕자를 환대하는 아버지가 못마땅한 큰아들처럼 스스로 열심히 믿는다고 자부하는 사람, 자신이 선하다고 생각하는 사람들은 이 말씀에 걸려 넘어집니다. 그러나 하나님의 사랑은 악인도 선인도 차별하지 않으시는 사랑, 자신을 죽이는 원수까지도 용서하고 사랑하시는 사랑입니다. 이 사랑이 예수 그리스도의 십자가 능력과 부활의 생명에서 나타났습니다.

> 그러나 우리는 이 모든 일에서 우리를 사랑하여 주신 그분을 힘입어서, 이기고도 남습니다. 죽음도, 삶도, 천사들도, 권세자들도, 현재 일도, 장래 일도, 능력도, 높음도, 깊음도, 그밖에 어떤 피조물도, 우리를 우리 주

예수 그리스도 안에 있는 하나님의 사랑에서 끊을 수

없습니다 롬 8:37~39, 새번역.

이것이 그리스도 예수 안에 있는 하나님의 사랑을 받은 이들의
전능성입니다. 원시종교에 가까울수록 전능성이 원초적인 지배
욕구에 갇히게 되고, 그것이 충족되지 않으면 실망합니다. 그
러나 우리의 전능성은 십자가 사랑의 숭고함이며, 그 사랑은 선
택받은 우리를 통해 믿음의 역사로 이 세상에 드러납니다. 이
선택은 하늘과 땅을 연결하기 위한 사랑의 능력에 기인한 특권
입니다. 죽음도 끊을 수 없는 그리스도 예수의 사랑을 통해 하
늘과 땅을 연결하는 권능이 우리에게 주어졌습니다. 그 선택에
응답할 때 우리는 이 세상을 온전히 사랑할 수 있는 권능을 받
았음을 고백합니다. 이 사랑을 위한 선택은 하나님이 우리에게
주시는 최고의 신뢰 표현입니다. 그리고 그 파송에는 반드시 힘
과 사랑의 능력이 주어집니다. 이 사랑의 초대는 단순히 개인적
인 차원을 넘어, 사회적 변화의 동력으로 작용합니다. 정치, 경
제, 사회, 문화, 교육 등 인간 삶의 모든 영역에서 사랑의 전능
성이 흘러넘칠 때, 우리는 분열과 갈등을 넘어선 조화와 공존
의 새로운 질서를 만들어낼 수 있습니다. 사랑의 전능성은 인

간의 이성과 지혜, 그리고 윤리적 성찰을 통해 인류애를 더욱 풍요롭고 질서 있게 만들어갑니다.

> 전능이 사랑을 향해 있고 사랑이 구원을 향해 있다는
> 신성의 수레바퀴.
> 비로소 투명해지는 신의 뜻과 마음.

비로소 우리는 알게 됩니다. '전능하신 아버지'라는 고백의 의미가 생물학적 남성 혹은 가부장적 아버지를 일컫는 것이 아님을 말입니다. 전능하신 아버지 안에는 새 생명의 발원, 생명 씨의 근원을 창조하고 지키는 진정한 힘의 본성이 담겨 있습니다. 그러므로 전능하신 하나님을 믿는다는 고백에는 존재의 근원으로부터 나오는 긍정과 신뢰의 응답이 담겨 있습니다. 하나님은 우리를 압도하고 지배하고 노예처럼 부리기 위해 전능하신 것이 아닙니다. 그분은 우리를 한없이 자유롭게 하시기 위해 전능하십니다. 하나님의 전능은 생명을 창조하고 구원하고 다스리시기 위해, 생명의 근원으로 인도하시는 아버지가 되시기 위해 있습니다.

존재와 실존의 만남

'전능'이라는 단어는 오랫동안 신학 안에서 중요한 개념으로 사용되어 왔지만, 오늘날 많은 현대인에게는 종종 통제와 억압의 상징처럼 느껴지기도 한다. 지나온 역사에서 왜곡된 그림자를 많이 보아온 탓이다. 그러나 바르트는 하나님의 전능하심을 그러한 '권력 개념'으로 이해하지 않는다.

> 우리는 하나님의 전능이 곧 그분의 행위와 동일하다고 여기거나, 그분의 본질이 행위 속에 전적으로 환원된다고 생각해서는 안 된다. 하나님은 단지 어떤 일을 실제로 행하실 때에만 하나님이신 것이 아니고, 그 전능만이 전부가 아니다. 창조와 화해, 구속은 전능하신 하나님께서 실제로 이루시는 역사적 행위다. 하나님은 바로 이 행위들 안에서 전능하시다.[1]

---

1 Barth, Karl. *Church Dogmatics, Volume II: The Doctrine of God, §31.* Edited by G. W. Bromiley and T. F. Torrance. Edinburgh: T&T Clark, 2009, 91.

바르트에게 하나님의 전능은 인간을 조종하거나 억압하는 힘이 아니라, 자신의 언약과 사랑에 충실하기 위해 역사하시는 창조와 화해, 구속을 포함한 사랑의 능력이다. 틸리히 역시 하나님의 전능성을 군주가 행사하는 무력처럼 간주할 때 하나님과 인간의 관계가 주-객 구도로 전락하게 된다고 경고한다.

> 주체로서의 하나님은 나를 단순한 객체, 그 이상도 이하도 아닌 하나의 대상물로 만든다. 전능하고 전지하신 그분 앞에서 나는 나의 주체됨을 빼앗긴다. 나는 저항하며 하나님을 객체로 만들고자 발버둥치지만, 그 반란은 무너지고 절망만이 남는다. 하나님은 마치 무적의 전제 군주처럼 다가오며, 다른 모든 존재는 그 앞에서 자유도 주체성도 상실한 존재로 전락한 것처럼 보인다.[2]

---

2 Tillich, Paul. *The Courage to Be.* New Haven: Yale University Press, 1980, 185.

하나님의 전능을 마치 인간을 억압하는 외적 힘처럼 본다면 우리는 어딘가 속고 있는 것이다. 전능은 오히려 하나님의 존재 자체로 인간을 지탱하고 생명을 일으키는 근원적 힘이다. 그 힘에 대한 신뢰는 나의 존재가 근원적으로 긍정되고 지탱된다는 사실에 대한 깊은 믿음과 용기를 이끌어낸다. 그것은 사랑의 자유로 나타나며, 자신의 뜻을 결코 포기하지 않으면서도 우리를 자유롭게 하는 권능의 자질이다. 즉 하나님의 전능은 억압하거나 강요하는 힘이 아니라, 도리어 해방하고 창조하고 보존하는 힘이다.

시선을 옮겨 하늘을 바라보며 만유의 아버지를 묵상
해 보십시오. 온 우주 만물이 십자가의 도 안에서 하
나의 생명 공동체로 살아 움직이고 있습니다. 이 우
주적 유기체 안에서 우리는 어떤 역할을 부여받았
을까요? 전쟁터 같은 삶의 방패를 내려놓고 이 신
비로운 공존을 환기해 보십시오. 만유의 하나님
을 아버지로 둔 자녀 된 기상이 솟아오를 것입니다.

2

아버지는 누구신가

그렇게나 완고했던 세계에 햇살이 비친다.

새로운 세상의 아름다움은 새로운 신분으로 시작된다.

나는 신의 자녀다.

우리는 자신에 대해 정의하는 다양한 관점을 가지고 있습니다. 대부분의 사람들은 자신의 외적인 조건에 초점을 맞추면서 이름과 직업 등을 떠올립니다. 그런데 하나님께서 우리를 찾으실 때는 중요한 정체성을 먼저 바꾸어 주십니다. 바로 '너는 나와 사랑의 관계를 맺은 자'라는 것입니다. 이 관계의 가장 중요한 특징은 하나님을 아버지라고 고백한다는 것입니다. 즉, 하나님의 아버지 되심은 독립적 속성이 아니라, 사랑을 위한 관계적 속성입니다. 이 속성은 우리 자신으로부터가 아니라 성자와의 관계 속에서 생겨난 것입니다. 하나님 아버지와 아들 예수 그리스도는 영원한 상관관계 안에 있으며, 이 상관관계는 인간을 향한 하나님의 구원 행위 안에서도 반복됩니다. 따라서 '아버지'라는 호칭은 삼위일체 하나님의 관계 속에서 사랑과 자유, 지속적인 생명의 자기 수여를 약속합니다. 그리고 이 관계성으로부터 그토록 위협적이던 세계가 새로운 생명의 세계로 바뀌기 시작합니다.

> 세계가 내게 말 걸어오는 방식이 달라졌다.
> 위태로웠던 세계가 막을 내리고
> 신들의 생명 관계 속에 초대되었다.

신비는 이 놀라운 생명의 관계성 안에 우리의 정체성이 있다는 사실입니다. 이 아버지를 함께 믿으며 고백하는 공동체는 아버지로부터 받은 동일한 생명 유전자를 가진 이들을 가족 관계로 이끕니다. 마태복음 18장에서 예수님은 "두세 사람이 모여 무엇이든지 구하면 하늘에 계신 아버지께서 다 이루어 주실 것이다. 두세 사람이 내 이름으로 모인 곳에 아버지께서 함께하신다."마 18:19~20라고 말씀하십니다. "너희들은 나의 생명으로 새 피조물이 되었다. 이제 너희는 새로운 관계성 안에서 다시 태어난 자들이다." 이 말씀은 새로운 정체성의 선포입니다.

종교 생활을 한다고 새롭게 태어날 수는 없습니다. 우리를 새롭게 하는 것은 바로 창조주 하나님과의 관계입니다. 상대계 안에서는 흔히 관계를 통해 정체성이 결정됩니다. 남자는 여자와의 관계 속에서 규정되며, 어둠은 빛과의 관계 속에서 그 속성이 결정됩니다. 이 관계는 모두 상대적이며 서로에게 의존되어 있습니다. 그러나 하나님 아버지와의 관계는 근원적입니다. 즉 상대계에서 관계 맺는 모든 것 이전의 관계라는 것입니다. 그 관계 안에서 예수님은 우리에게 "무엇을 먹을까, 무엇을 입을까 구하지 말라. 그러한 간구는 이방인들이 구하는 것이다." 마 6:31라고 말씀하십니다. 우리가 두려워하지 말아야 하는 이유는, 우리는 이 근원의 관계 안에서 새롭게 태어난 존재이며, 하나님 아버지의 돌보심 안에 있는 자녀이기 때문입니다.

복음은 이렇게 구체적인 관계망 속에서 우리의 정체성을 선포합니다. 우리가 믿음으로 기도하는 대상이 바로 온 우주 만물을 창조하신 하나님이시며, 우리의 아버지이십니다. 이 근원의 관계성이 성경 전체를 관통하며 흐르고 있습니다. 이 믿음의 선포가 우리 존재의 근원이며 다시 돌아갈 본향입니다. 세상은 우리의 정체성을 상대화시키며 끌어내리려고 합니다. 그러나 연어가 강물을 거슬러 올라가듯, 거슬러 올라가십시오. 우리가 하나님을 아버지로 모신 위대하고 아름다운 존재임을 잊지 마십시오.

에베소서 4장 4~6절은 우리의 아버지가 또한 만유의 아버지심을 선포합니다. "몸이 하나요 성령도 한 분이시니, 이와 같이 너희가 부르심의 한 소망 안에서 부르심을 받았느니라. 주도 한 분이시요 믿음도 하나요 세례도 하나요 하나님도 한 분이시니 곧 만유의 아버지시라. 만유 위에 계시고 만유를 통일하시고 만유 가운데 계시도다." 이 말씀은 개인의 구원을 넘어 하나님께서 만유의 아버지이심을 밝힙니다. 그분은 우리 한 사람 한 사람을 넘어 온 우주와 모든 피조계의 아버지이십니다. 생명의 근원이신 하나님은 모든 피조물을 살리기 위해 사랑으로 관계하십니다. 창조 후에도 만물을 끊임없이 돌보시며 모든 살아 있는 것들과 유기적으로 관계 맺으십니다. 십자가의 도를 생각해 보십시오. 예수님은 십자가에서 모든 죽어가는 것들과 관계를 맺으며 살리는 일을 하셨습니다. 그분은 우리를 생명으로 살리는 자리로 부르셨습니다. 이 하나됨 안에서 비로소 타자를 보는 시선이 달라지기 시작합니다.

우리가 하나임을 알았을 때

타자는 돌부리마다 넘어지는 계기가 아니었다.

우리는 흔히 생명을 눈에 보이는 개체 덩어리로 인식합니다. 이를테면 강아지 한 마리, 장미 한 송이처럼 말이지요. 그러나 생물학은 우리에게 말합니다. 생명은 이미 하나의 세포 단위에서부터 시작된다고 말이지요. 한 사람의 몸에는 약 30조 개의 세포가 존재합니다. 이 세포들 각각은 스스로 살아 있는 존재이지만, 오직 서로 유기적으로 연결되고 조화를 이룰 때에야 비로소 '생명'이라는 본래의 의미를 갖게 됩니다.

우리의 생명도 마찬가지입니다. 만일 구원을 단지 개인적인 문제로만 여긴다면 만유의 아버지에 대한 깊은 이해에 이르기 어려울 것입니다. 생명은 본디 아버지 안에서 온 우주와 연결된 '통通생명'입니다. 우리는 만유의 유기적 관계 속에서 하나의 생명으로 부름을 받은 존재입니다. 이를 생물학적 유비로 본다면, 생명적 관계를 파괴하는 존재를 암세포라고 할 수 있습니다. 암세포에 관한 생물학적 연구들은 흥미로운 역설을 보여줍니다. 암세포는 겉보기에 정상 세포와 큰 차이가 없습니다. 오히려 그것은 정상 세포보다 더 활발하게 움직이고, 더 빠른 속도로 분열하며, 자신의 생명력을 왕성하게 드러냅니다. 생물학적 기능만 본다면, 암세포는 마치 생명 그 자체의 에너지가 과잉으로 분출된 형태처럼 보입니다. 그러나 바로 이 '과잉된 생명력'이 오히려 생명의 전체적 질서를 위협하는 근본적 원인이 됩니다. 암세포는 자신이 속한 유기체의 복잡하고 정교한 상호작용의 질서 안에서 제 자리를 찾지 못한 채 무한한 자기복제의 길로 나아갑니다.

암세포의 특성은 단지 생물학적 현상을 넘어 인문학적 사유를 자극합니다. 암세포는 자기 자신만을 중심에 두고 모든 것을 흡수하고 확장하고자 하는 극단적 자율성의 은유입니다. 그것은 관계 안에서의 조화와 균형을 거부하고, 스스로의 존재와 증식만을 목적으로 삼습니다. 생명이라는 것은 근본적으로

'함께 있음'의 구조 속에서만 온전해질 수 있습니다. 그러나 암세포는 이 공동의 생명 구조를 부정하면서 스스로를 절대화하고, 결국 자신이 속한 생명 전체를 파괴합니다.

암세포의 무차별적인 증식은 현대 사회에 대한 유비이자 경고이기도 합니다. 그것은 '경계 없는 자율성' 혹은 '공동체적 감각의 상실'이 초래하는 결과를 보여줍니다. 공동체나 생태계, 또는 통通생명의 전체 질서를 고려하지 않은 채 오직 자신의 생존과 성공만을 추구하는 태도는 암세포와 다름이 없습니다. 결국 그것은 생명 전체의 붕괴를 초래할 것입니다. 사망의 암세포는 역설적으로 생명이 무엇인지 반증합니다. 생명은 고립된 자아의 승리가 아니라, 서로를 살리는 상생의 관계망 속에서 형성되는 유기적 조화의 산물입니다.

성경에도 이 생명의 원리가 들어있습니다. 예수님은 "누구든지 제 목숨을 구원하고자 하면 잃을 것이요 누구든지 나를 위하여 제 목숨을 잃으면 찾으리라"마 16:25라고 말씀하셨습니다. 만유의 하나님께서 만유를 통通살림의 도道로 다스리고 계십니다. 그 도는 바로 십자가의 길입니다. 십자가의 도는 세포 하나하나가 더 큰 단위의 생명과 연합되는 원리를 담지하고 있습니다. 우리가 사는 원리도 마찬가지입니다. 하나님의 자녀로서 살아간다는 것은 우리를 넘어선 만유의 유기체적 생명과 연합되는 위대한 일입니다. 통通생명 안에 있을 때에야 우리는 나도 살고 다른 사람도 살리는 생명의 방식을 알게 됩니다. 그리고 그 안에 우리의 고유한 위치가 있음을 알게 됩니다. 생명 안에서 나도 살리고 남도 살리는, 그리하여 온 우주를 살리는 우리의 위치는 어디일까요? 우리는 유기체적인 생명 안에서 어떤 존재로 부르심을 받았을까요? 하나님께서는 그 소명의 자리에 꼭 맞는 은사와 소유, 지식과 지혜를 부어주십니다. 또한 그것이 자라나기에 꼭 맞는 환경도 허락해 주십니다.

생명의 차원이 높아질수록 그 안에서는 더욱 아름다운 영적 문화가 꽃피게 됩니다. 가장 크고 고귀한 차원의 생명은, 모든 존재가 그 안에 깃들어 함께 누릴 수 있는 거룩한 문화를 만들어 갑니다. 만일 우리 안에서 참된 생명이 활동하고 있다면 우리를 통해 이 땅에도 아름다운 관계와 문화가 끊임없이 피어날 것입니다. 하나님 나라는 바로 그런 공동체가 만들어 가는 거룩한 문화 속에서 이루어집니다. 그 문화는 우리가 받은 가장 위대한 선물, 곧 하나님의 존재 자체로부터 비롯됩니다. 우리는 그리스도의 몸 된 공동체 안에서 각각 독특하게 주어진 고유한 선물을 따라 풍요함 속에 하나로 연합하게 됩니다. 이렇게 생명으로 연합된 공동체를 바라볼 때, 세상은 감탄할 것입니다. "천국이 바로 저곳에 있구나! 그리스도인이란 천국의 문화를 살아가는 이들이구나." 이 땅에 필요한 것은 바로 '생명의 공동체 문화'입니다. 사랑 안에서 자기를 부정하고 서로를 품어 안는 문화, 생명을 더욱 풍성히 하기 위해 깊고 고차원적인 관계를 맺는 문화. 이 문화가 공동체 안에 살아 숨 쉬어야 합니다.

> 논리적으로 알 수 없지만
>
> 통通생명의 감으로는 알 수 있지.
>
> 천국은 바로 여기 있다는 것을.

시선을 옮겨 하늘을 바라보며 만유의 아버지를 묵상해 보십시오. 온 우주 만물이 십자가의 도 안에서 하나의 생명 공동체로 살아 움직이고 있습니다. 이 우주적 유기체 안에서 우리는 어떤 역할을 부여받았을까요? 전쟁터 같은 삶의 방패를 내려놓고 이 신비로운 공존을 환기해 보십시오. 만유의 하나님을 아버지로 둔 자녀 된 기상이 솟아오를 것입니다. 우리는 그저 혼자 살다 사라지기 위해 태어난 존재가 아니며, 모든 피조물과 만유가 구원받는 하나님의 나라를 위해 부름을 받았습니다. 우리 아이들과 후손들까지, 각자가 감당해야 할 생명의 '마디'가 있습니다. 우리는 이 통(通)생명 안에서 하나의 마디로 부름받은 존재입니다. 이 거룩한 생명 마디들은 함께 온 우주를 살리는 합주곡을 만들어 냅니다.

로마서 8장은 "피조물이 고대하는 바는 하나님의 아들들이 나타나는 것이니"롬 8:19라고 말씀합니다. 온 우주 만물과 피조물이 하나님의 자녀들이 나타나는 것을 간절히 기다리고 있습니다. 우리의 새로운 정체성은 피조계의 존재론적 고통과 그 치유를 향한 궁극적 지향을 담고 있습니다. 즉, 하나님의 자녀들의 '나타남'ἀποκάλυψις, 계시은 단지 개인의 구원을 넘어, 전 우주적 질서의 회복과 해방을 상징합니다. 이는 인간 존재가 단순히 개별적 생존을 넘어서 있으며 우주의 의미와 운명에 연결된 존재라는 통찰입니다. 새로운 생명, 새사람인 인간의 성숙과 자유, 진정한 자기에 대한 인식은 자연과 역사, 존재 전체에 영향을 미치는 사건입니다. 새로운 정체성으로 살아가는 인간은 억눌린 피조물과 고통받는 자연, 역사 속 억압받는 존재들과 함께 연대하며, 그 안에서 생명의 질서를 육화시키는 존재로 살아갑니다.

우리는 만유의 하나님을 아버지로 모신 새 존재입니다. 그런 우리에게는 우주의 탄식 소리를 듣고, 존재 전체가 기다리는 그 자리를 향해 나아가야 할 책임이 있습니다. 종말론적 영광을 향해, 공동체적 회심과 인류의 새로운 각성을 향해 나아가는 존재의 삶이란 무엇일까요? 우주 만물은 지금도 우리가 참된 하나님의 자녀로 드러나기를, 그리하여 존재 전체가 새롭게 되기를 간절히 기다리고 있습니다.

존재와 실존의 만남

바르트는 하나님의 아버지 되심을 삼위일체론적 맥락 안에서
이해하였다.

> 하나님은 자신을 아버지로, 곧 아들의 아버지로 계시하
> 시며, 이 아들 안에서 우리를 위한 형태를 취하신다. 그
> 러나 하나님 아버지는 아들 안에서 형태를 취하심에도
> 불구하고 언제나 형태를 초월하시는 하나님이시며, 아
> 들 안에서 그의 존재는 자유로운 근거이자 능력이신 하
> 나님으로 계신다.[1]

바르트에게 있어 하나님의 아버지 되심은 오직 성자와의 관계
를 통해 가능하다. 즉 이는 단순한 신적 속성에 대한 설명이 아
니라, 예수 그리스도로 인한 하나님과 인간 사이의 새로운 관

---

1 Barth, Karl. *Church Dogmatics: The Doctrine of the Word of God.*
Volume I. Edited by G. W. Bromiley and T. F. Torrance. Edinburgh:
T&T Clark, 1975, 327.

계를 증언하는 것이다. 반면, 틸리히에게 하나님은 인간 실존을 지탱하고 초월하는 궁극적 관심의 상징이다. 틸리히에게 믿음은 실제적인 이야기를 통해 얻은 신념이 아니라 궁극적 관심의 표현이다.

> 우리의 궁극적 관심의 근원적 상징은 하나님이다. 모든 믿음의 행위 안에는, 심지어 하나님을 부정하는 행위일지라도, 상징적 존재로서의 하나님이 항상 현존한다.[2]

틸리히에게 믿음은 인간이 가진 과거와 현재와 미래의 모든 행위와 경험을 통해 얻은 하나님에 대한 추측이다. 즉 믿음은 하나님께서 옛적에 실제로 행하셨거나 미래의 어느 날 행하실 일들에 대한 정보가 아니다. 틸리히에게 믿음은 상징적 힘, 바로 인간 실존의 불안, 분리, 소외의 상황 속에서도 하나님을 지향

---

2 Tillich, Paul. *Dynamics of Faith*. New York: Harper & Brothers, 1958, 45.

하게 하는 힘이다.

두 신학자의 공통점은 인간을 스스로 존재의 근원을 설정할
수 없는, 타자에 의해 조건 지어진 한계 내에 살아가는 존재로
보았다는 것이다. 인간은 자기 존재의 기원을 자율적으로 구성
할 수 없으며 그로 인해 근원적 결핍과 의존의 상태에 놓여 있
다. 이러한 인간을 예수 그리스도는 하나님을 '아버지'라 부를
수 있는 새로운 언약적 관계로 초대하신다. 여기서 주의할 점이
있다. 이 믿음이 은총의 역사로서 경험되기보다 '실재인가 비
실재인가', 혹은 '현상인가 본질인가'라는 인식론적 프레임으로
환원된다면, 우리는 오히려 그 믿음의 본질을 상실하게 될 것이
다. 그렇게 되면 믿음은 살아 있는 신뢰가 아니라 관념화된 강
박으로 전락하거나, 은총의 신비가 단순한 심리적 현상으로 해
체될 위험에 처하게 된다. 이 리얼한 실재성은 단순히 현상의
차원에 갇혀 있는 것이 아니라, 현상을 초월하여 그것을 관통

하고, 그 너머에서 현상을 새롭게 해석하게 하는 신적 실재의 깊이로부터 주어지는 것이다. 바르트는 이렇게 하나님의 절대적 주권과 예수 그리스도 안에 있는 온전한 계시성을 지키고자 하였다. 반면 틸리히는 인간 실존의 불안과 근원적 질문에 깊이 귀 기울이며, 실존적 조건 안에서 출발하는 경험 중심의 신앙에 초점을 두었다.

OUR
CRE
DO

2장

성육신 | 초월이 실존 안으로 침투하다

하나님의 아들이 인간의 몸을 입으심으로 인해, 이 구체적인 세계 안에서 신적 생명이 접붙여지는 통로가 탄생하였습니다. 하나님은 외아들의 존재를 통해 인간 안에 하나님과의 화해의 거처를 마련하셨습니다. … 그리고 그 순종의 일치로 말미암아 외아들로부터 접붙여져 자녀 된 자들이 있습니다. 그들은 하나님의 자녀가 되는 영광을 얻게 되었습니다. 외아들은 이제 '보편성을 획득한 유일성'이 된 것입니다!

1

외아들 예수 - 유일이 보편이 되다

살짝 열린 틈으로 전혀 다른 하늘이

몸을 입고 땅을 딛고 섰다.

하나님의 외아들이 사람의 아들이 되자

사람의 아들들이

하나님의 아들이 되는 길이 열렸다.

인간은 언제나 스스로를 넘어서고자 했으며, 그 끝에는 자기 존재를 근원적으로 새롭게 할 수 있는 실재를 향한 갈망이 놓여 있습니다. 이 보편적인 갈망은 고대의 신화, 종교적 제의, 철학의 사유와 예술의 모험 속에서 다양한 형태로 드러납니다. 그리고 그 기저에는 '우리는 어떻게 새로운 존재가 될 수 있는가?'에 대한 간절한 탐구가 담겨 있습니다. 이 소망은 마침내 예수 그리스도 안에서 충만히 성취되었습니다. 그것이 바로 인류가 시대와 문화와 사유의 다양성 속에서 추구해 왔던, '새로운 존재에 대한 깊은 사색과 소망'의 발현입니다.

사도신경은 예수라는 인물에 대한 특별한 믿음을 고백합니다. 그리스도인은 역사 속의 한 인간으로 사셨던 예수를 믿음으로 고백합니다. 그 예수는 구체적인 시간과 공간에서 활동하였으며, 하나님이 어떤 분이신지를 계시하였고, 우리가 어떤 존재로 변화될 수 있는지를 보여주신 분입니다. 우리는 그분이 하나님의 '외아들'이라고 고백합니다. 이 외아들 되심의 의미는 성육신, 즉 삼위 하나님의 사랑이 시간 속으로 침투하심으로 말미암아 인간이 하나님의 자녀가 되는 '유일한' 길이 열렸다는 것입니다.

> 하나님의 외아들이 사람의 아들이 되셨다.
> 그리하여
> 사람의 아들이 하나님의 아들이 되게 하시려는 것이다.

즉 우리가 믿음을 고백하는 대상, 도저히 이 세상에서 실재했던 인물이 아닌 것 같은 '그' 예수―동정녀 마리아에게서 나시고 공생애를 통해 진리를 고백하는 사람들을 치유하고, 귀신을 쫓아내고, 십자가에서 죽으셨다가 부활하신―가 우리와 똑같은 몸을 가지고 구체적인 역사 속에서 사셨으며, 바로 하나님의 유일하신 아들이라는 것입니다. "그 외아들monogenēs huios 우리 주 예수 그리스도를 믿사오니"라는 선언은 단순히 예수님의 독보적인 존재를 의미하는 것이 아닙니다. 이 고백은 성부와 성자 사이의 영원하고 본질적인 관계를 나타냅니다. 이때 성자는 창조된 존재, 즉 피조물이 아닙니다. 하나님께서는 인간의 고통과 연약함이라는 가장 구체적이고 제한된 조건 속으로 자기 자신을 비워 침투하셨습니다. 이는 영원하신 하나님의 존재와 사랑이, 유한한 인간이 되셨다는 성육신의 심연을 뜻합니다. 이것이 바로 외아들 되신 그리스도의 의미입니다.

이 외아들 예수를 '그리스도'로 고백한다는 것은, 하나님께서 친히 그를 택하신 자, 곧 메시아로 삼으셨다는 하나님의 주권에 응답한다는 뜻입니다. 동시에 우리를 그분의 생명과 능력 안으로 참여하게 하는 신비한 연합을 의미합니다. 하나님의 외아들은 영원부터 존재하셨으나 시간 속으로 침투하신 사건을 통해 드러납니다. 이것이 바로 성육신 사건입니다. 하나님의 외아들 되심은 세상의 역사와 시간 가운데 드러나 인간을 신성으로 초대합니다. 이를 통해 우리는 하나님의 유일하신 아들 됨의 의미, 즉 아버지와 아들의 연합의 본질을 이해하게 됩니다. 그것은 유일하신 하나님의 아들이 아버지께 하시는 일치의 방식을 통해 드러납니다. 예수님의 신적 순종과 신뢰, 사랑은 구체적인 시공간 안에서 하나님과의 연합을 형성하는 비밀을 알려줍니다. 외아들 예수는 자신의 뜻을 이루지 않고, '아버지께서 그에게 하라고 주신 그 일'을 이루십니다요 17:4. 이 아버지를 향한 절대적 자기 수동성이 외아들 됨의 본질입니다. 그것은 바로 '아들은 자신을 아버지께 절대적으로 내어 맡김으로 존재하는' 성육신의 원리입니다. 이것이 외아들을 통해 구원의 역사를 이루시는 삼위일체 하나님의 방식입니다.

하나님의 아들이 인간의 몸을 입으심으로 인해, 이 구체적인 세계 안에서 신적 생명이 접붙여지는 통로가 탄생하였습니다. 하나님은 외아들의 존재를 통해 인간 안에 하나님과의 화해의 거처를 마련하셨습니다. 성육신 안에서 하나님은 인간의 타락 그 자체를 자기 안으로 끌어안으셨고, 그 뜻을 그대로 받으신 외아들 예수 그리스도를 통해 구원이 이루어졌습니다. 그렇기에 그는 단지 인간의 '몸이나 모양'만을 입으신 것이 아니라 인간의 역사, 고통, 유한성, 죽음까지 자기 안에 실재적으로 취하셨습니다. 이것이 외아들을 통해 세상을 구원하시려는 하나님의 뜻이 이루어지는 결정적인 사랑입니다. 이 사랑은 십자가에서 정점에 달했으며, 십자가에서 성육신은 완성되고, 예수께서 하나님의 외아들 되심이 증명되었습니다.

그리고 그 순종의 일치로 말미암아 외아들로부터 접붙여져 자녀 된 자들이 있습니다. 그들은 하나님의 자녀가 되는 영광을 얻게 되었습니다. 외아들은 이제 '보편성을 획득한 유일성'이 된 것입니다! 예수 그리스도는 단지 '하나뿐인 아들'이 아니라, 많은 생명의 자녀들의 맏아들이 되셨습니다롬 8:29. 하나님은 외아들을 통해 우리를 자녀로 받아들이셨으며 우리 안에 아들의 영을 보내셨습니다. "너희가 아들이므로 하나님이 그 아들의 영을 우리 마음 가운데 보내사 아빠 아버지라 부르게 하셨느니라"갈 4:6.

성육신은 단지 '신적 임재'가 아니라 신적 참여의 사건이며, 우리가 하나님의 아들 안에서 '아들 됨'을 함께 누리는 존재적 연합입니다. 우리는 외아들의 육신 됨을 통해, 하나님의 사랑을 우리의 존재 깊은 곳에 입게 된 자들입니다. 성육신은 그 사랑이 우리를 위해 시간 속에 흘러내린, '지금 여기 존재하시는' 하나님의 현현입니다. 이 둘은 분리될 수 없습니다. 성육신 없는 외아들 되심은 형이상학적 초월에 머무르고, 외아들 되심 없는 성육신은 인도주의적 감상에 불과합니다. 그러나 이 둘이 만날 때 우리는 더 이상 고아가 아닙니다. 하나님의 외아들이 나의 형제가 되셨기 때문입니다.

> 가장 닫혀있는 것이
>
> 가장 열려있는 것이 되었다.
>
> 고유가 보편이 되는 이름.
>
> 거대한 장벽의 틈새를 뚫고 들어와
>
> 구원이 된 이름.

예수님이 역사 속으로 오시기 전에는 '모두가 하나님의 아들이 되는 시간의 비밀'이 감추어져 있었습니다. 그가 역사의 시공간 속에서 걸음을 옮기시고, 대화하시며, 기적을 베푸는 모든 과정이 영원으로부터 온 아버지의 뜻을 시간에 연결하는 접속면이 되었습니다. 이것이 바로 새 창조입니다. 창조는 영원의 시간이 우리의 유한한 시간과 만날 때 탄생합니다. 이 원리를 깨닫는다면 우리의 삶은 영원이 뛰노는 창조의 놀이터가 될 것입니다. 이 신앙을 가지게 되었다는 것 자체가 이미 은총을 받았다는 증거입니다. 그래서 믿음은 은총의 선물이며 겸손한 자만이 이 선물을 받게 됩니다. 성 어거스틴St. Augustine이 신앙의 기본은 첫째도 겸손, 둘째도 겸손, 셋째도 겸손이라고 강조했듯이, 믿음에 가장 필요한 요소는 자기 확신이 아니라 겸손입니다.

우리는 이 예수 그리스도를 '하나님의 유일하신 아들'로 고백합니다. 그 유일하심은 성육신하신 예수님께서 하나님과 전적으로 하나 되어 지신 십자가를 통해, 전체와 보편을 담게 되었습니다. 그분은 '열린 무덤으로부터' 나오셔서 사망을 이겨내시고 생명의 유일한 통로로서 존재하시며, 사망의 어둠을 창조의 역사로 바꾸시는 창조주 하나님의 열린 역사가 되셨습니다.

요한복음 1장 13절은 이 예수 그리스도를 가리켜 "이는 혈통으로나 육정으로나 사람의 뜻으로 나지 아니하고 오직 하나님께로부터 난 자"라고 말합니다. 이것은 단지 출생의 기원이 다르다는 차원을 넘어서는, 하나님의 주권적 개입이며 하나님의 생명이 세속 안으로, 즉 시간과 육체 안으로 침투한 사건입니다. 이 땅에 내려오신 하나님은 '신 없이 사는 세상 가운데 일하시는 하나님', 곧 인간 조건의 중심에서 일하시는 하나님이 어떤 분이신지를 알게 했습니다. 하나님이 인간을 향해 몸소 다가오셔서 피부 속으로 들어오셨고, 심장 곁으로 오셨고, 죽음의 그림자 안으로 걸어 들어오셨습니다. 성육신은 우리의 존재를 '하나님과 연합할 수 있는 가능성'으로 확장시킨 몸입니다. 그리스도의 몸은 하늘과 땅, 창조주와 피조물, 영원과 시간 사이에 놓인 다리입니다. 그분은 우리가 하나님께 도달할 수 있도록 자신의 몸을 낮추셨습니다. 그리스도께서는 누구라도 닿을 수 있고 누구라도 들을 수 있는 땅의 가장 낮은 자리에서, 두려워하지 말라고, 내가 너희와 함께 할 것이라고 우리를 부르시고 초대하십니다사 41:10.

하늘 저편은 확실히 알 수 없지만

이 땅에서 일하신 외아들의 삶에 어린 핏방울에는

하나님의 서명이 새겨져 있다.

그런 의미에서 예수 그리스도의 성육신은 단순히 하늘의 존재가 인간의 모습을 입은 사건이 아니라, 하나님께서 인간의 구체적 실존—고통, 수치, 연약함—의 중심으로 들어오신 참 신성의 구현입니다. 이 예수 그리스도 안에서 우리는 본래 정과 욕, 자아 중심성에 갇혀 있던 옛사람을 벗고, 새 생명 가운데 다시 태어날 수 있게 되었습니다. 그리스도의 십자가는 사망을 이긴 하나님의 방식이며, 고난을 통한 구원의 길입니다. 이 길은 우리 안에서 옛 자아가 죽고, 그리스도와 함께 새로운 존재로 살아감을 의미합니다. 시간과 역사 안으로 들어오신 하나님의 생명이 우리의 시간 속에 육화되며, 우리가 살아가는 모든 순간과 장소가 하나님의 거룩한 침투의 장이 됩니다. 그때 우리는 '저 피안의 세계'에 갇힌 신이 아니라 일상의 중심, 세속의 중심에서 함께 고난 당하시며 길을 알려주시는 하나님의 진짜 얼굴과 사랑을 경험합니다. 아들을 보면 아버지를 알 수 있습니다. 바로 그 하나님이 유일하게 자신을 계시하신 분이 예수 그리스도인 것입니다. 하나님이 인간의 파열된 존재를 껴안고 죽음의 단절까지도 통과하시며, 새로운 존재가 되는 길을 우리에게 열어주셨습니다.

존재와 실존의 만남

바르트에게 예수 그리스도는 단순한 중재자나 상징이 아니다. 그리스도는 하나님 자신이 인간 역사 속으로 들어오신 사건이다. 그는 계시 자체이며, 하나님이 자기 자신을 우리 가운데 내어주신 사건이다. 이 외아들 예수 그리스도 안에서 하나님은 온전히 존재하신다.

> 하나님은 이 인간 예수의 의로움과 생명, 순종과 부활
>
> 안에서 여전히 하나님으로서 실존하신다.[1]

바르트는 '외아들'이 하나님과 인간 사이의 거리를 뛰어넘은 유일하고 결정적인 사건이라고 말한다. 하나님의 존재는 인간 예수의 역사성과 분리되지 않으며, 그 의로움과 생명, 순종과 부활을 통해 하나님 자신이 드러난다. 즉, 하나님은 추상적 본질

---

1 Barth, Karl. *Church Dogmatics: The Doctrine of Reconciliation. Volume IV, §§57–59.* Edited by G. W. Bromiley and T. F. Torrance. Edinburgh: T&T Clark, 2009, 178.

이 아니라 구체적 인격인 예수 안에서 실존하신다. 바르트의 진술은 인간과 신의 구분을 넘어서, 예수 그리스도의 인간적 삶이 곧 하나님의 자기 계시임을 뜻한다. 하나님은 인간 예수의 존재 양식—고난, 순종, 죽음, 부활—을 통해 인간에게 접근하셨고, 바로 그 실존 속에서 여전히 하나님이 되신다. 바르트에게 있어 이는 단순한 상징이 아니라, 하나님 실존의 실제적 방식이다.

한편, 틸리히는 하나님의 일반 계시 속에서 예수 그리스도의 빛을 찾으려고 애썼다. 그에게 예수 그리스도는 새로운 존재의 중심이다.

새로운 존재에 대한 보편적인 탐구는 보편적인 계시의 결과이다. 만일 기독교가 보편성을 주장한다면, 기독교는 역사상에서 나타난 새로운 존재에 대한 탐구의 여

러 형태가 그리스도로서의 예수 안에서 성취되었다는

것을 암묵적으로 주장하고 있는 것이다.[2]

틸리히는 인류의 문명이 하나님께서 만물 안에 자신을 은밀히
드러내시는 보편 계시에 대한 반응이며, 인간 안에 새겨진 신적
흔적이 일으키는 깊은 그리움의 표현이라고 말한다. 그러나 이
새로운 존재는 단지 인간의 궁극적 이상을 넘어선다. 하나님께
서 친히 육신을 입고 오셔서 인간이 도달하고자 했던 그 '새로
운 존재'가 실제로 어떻게 가능한지를 보여주신 것이다. 따라
서 그리스도를 하나님의 육화라고 믿는 일은 진정으로 은총을
통해서만 가능하다. 그 특별한 은총으로 인해 그리스도 안에
서 우리는 새로운 존재로 다시 태어나는 사건을 맞이한다. 이
는 죽음을 지나 부활에 이르는 존재론적 재창조이다. 그리스도

---

2 Tillich, Paul. *Systematic Theology, Volume III: Life and the Spirit:
   History and the Kingdom of God.* Chicago: University of Chicago
   Press, 1963, 89.

를 믿는 믿음 안에서 예수는 모든 믿는 이들의 구원자이며, 인

류 전체의 가장 깊은 질문에 대한 하나님의 응답이며, 진실로

모든 보편적 탐구의 해답이 되신다.

동정녀를 통한 탄생은 우리가 상상할 수 없었던 새로운 차원의 방식, 출발, 기원, 창조가 우리의 삶에 돌진해 들어옴을 나타냅니다. 이것은 전적으로 하나님의 주권적 사랑에 관한 이야기입니다. 성육신은 단지 생물학적 기적으로 환원되지 않습니다. 성육신의 신비는, 하나님과 사람이 하나 되고 하늘과 땅이 연합되는 주도권이 전적으로 하나님의 의지, 곧 신이 기어코 인간성을 수용하겠다는 의지에 있다는 것에서 시작되었습니다. 이 신비를 고백하는 우리는 그분의 주권적 사랑의 방식에 대해 승복합니다.

2

동정녀 마리아 - 신성의 수용

벼랑 끝이 희망이 되는 곳은 여기밖에 없다.
이미 주어진 삶의 고통과 종말이라 선포 받은 곳이
새로운 잉태의 장소가 되는 곳.

성경에는 유독 생명의 잉태에 관한 이야기가 자주 등장합니다. 그런데 이 이야기는 일반적인 상식과는 많은 차이가 있습니다. 성경의 탄생 이야기는 단순한 출산의 기록이 아닙니다. 이 일에는 통상적인 상식과 자연의 질서를 넘어서는 하나님의 주권적 개입과 은혜의 상징이 가득합니다. 성경의 새 생명 이야기는 도저히 생명을 낳을 수 없는 상황, 인간의 한계와 불가능의 벽 앞에서 시작됩니다. 사무엘의 어머니 한나는 아이를 가질 수 없는 여인이었습니다. 그러나 그녀는 성전에 나아가 자식을 주신다면 하나님께 그 생명을 바치겠노라고 눈물로 기도합니다. 그 절박한 기도 가운데 하나님은 응답하시고, 마침내 한나의 태에서 사무엘이 태어납니다. 믿음의 조상 아브라함 역시 인생의 황

혼기에 접어들어 자녀를 기대할 수 없는 나이에 하나님의 약속을 받았습니다. 그리고 사라를 통해 이삭을 얻게 됩니다. 또 마리아의 친족 엘리사벳 역시 노년에 이미 임신이 불가능한 상황이었지만 하나님의 뜻 안에서 세례 요한을 잉태하게 됩니다. 이처럼 성경의 잉태 사건들은 언제나 인간의 한계를 넘어섭니다. 여기서 하나님은 불임, 노년, 폐경 등 생명의 단절 속에서도 생명을 새롭게 시작하시는 분이시며 창조의 주권자로 나타납니다. 모든 생명의 가능성이 끊어진 불모지에서 전혀 새로운 생명이 탄생하는 출발과 기원입니다.

예수 그리스도의 탄생 역시, 앞서 언급한 성경 속 잉태 이야기들의 흐름 속에 있습니다. 그러나 그분의 탄생은 그 모든 이야기를 초월하여, 궁극적인 생명의 기원, 즉 새로운 창조의 문을 여는 사건으로 자리합니다. 예수께서 동정녀 마리아에게서 나셨다는 사실은 단지 놀라움이나 경외를 불러일으키는 기적의 차원을 넘어섭니다. 그것은 구원의 역사 안에서 전례 없는 차원의 생명 사건, 곧 하나님께서 인간성을 수용하시고 인간으로 태어나 새로운 존재로 태어나는 길을 여신 일입니다.

영원한 말씀이 육신을 입은 생명이 되어 오셨습니다요 1:14. 그 결과 시간과 영원을 가르는 경계가 무너지고, 인간의 연약한 몸속에 하나님의 영광이 거처하게 되었습니다. 예수님의 탄생은 단지 한 생명이 태어난 사건이 아니라, '기원전Before Christ'과 '기원후Anno Domini'라는 시간의 질적 변화입니다. 그래서 "동정녀 마리아에게서 나시고"라는 고백은 남자 없이 여자가 임신할 가능성에 대해 생물학적으로 진위를 가리는 정도의 이야기가 아닙니다. 그 핵심은 바로 '하나님이 어떻게 인간이 되실 수 있는가?'입니다. 왜 하나님은 인류를 구원하기 위해 성육신의 방식을 택하셨으며, 동정녀를 통해 이 땅에 오셨을까요? 하나님은 사랑을 위해 인류의 역사 속에, 구체적인 우리의 시공간 속에 오셔야만 했습니다. 우리가 구체적인 역사와 삶 속에서 하나님의 신비를 경험하기를 원한다면, 이 놀라운 성육신의 방식에 대해 깊이 묵상할 필요가 있습니다.

사도신경은 성육신의 신비에 대해 두 문장으로 고백합니다. '성령으로 잉태되었으며, 동정녀 마리아에게서 나셨다'라는 것입니다. 이 두 구절은 짧지만, 실로 놀라운 이야기입니다. 스스로 계신 창조주 하나님과 유한한 피조물인 인간은 그 본질과 차원에서 전혀 다른 존재이기 때문입니다. 어떻게 이렇게 전혀 다른 차원이 만나 인류의 새 기원을 만들어 낼 수 있었을까요? 사도신경은 바로 이 비밀에 대해 고백하고 있습니다. 동정녀를 통한 탄생은 우리가 상상할 수 없었던 새로운 차원의 방식, 출발, 기원, 창조가 우리의 삶에 돌진해 들어옴을 나타냅니다. 이것은 전적으로 하나님의 주권적 사랑에 관한 이야기입니다. 성육신은 단지 생물학적 기적으로 환원되지 않습니다. 성육신의 신비는, 하나님과 사람이 하나 되고 하늘과 땅이 연합되는 주도권이 전적으로 하나님의 의지, 곧 신이 기어코 인간성을 수용하겠다는 의지에 있다는 것에서 시작되었습니다. 이 신비를 고백하는 우리는 그분의 주권적 사랑의 방식에 대해 승복합니다.

> 주님, 저는 당신의 방식을 존중합니다. 제 인식으로는 알 수 없는 이 혼란과 불안 앞에서도 저는 당신의 방식을 믿습니다. 당신은 불가능 앞에서 삶의 새로운 기원을 만드시는 분이십니다. 그 창조가 제 삶에 일어나기를 원합니다.

이것은 하나님의 신비한 주도권, 그리고 그분이 일하시는 방식에 대한 전적 신뢰이며 의탁입니다. 그분은 하늘의 익숙한 방식을 버리시고 어떻게든 땅과 연합할 방식을 찾아내셨습니다. 그리고 그곳에 겸손하게 머무셨습니다! 무한하신 하나님은 인간의 가장 구체적인 현실—연약함과 육체성과 한 여인의 태에 갇혀 있다가 출산의 고통과 함께 태어나시는 인간성의 방식—을 기꺼이 받아들이셨습니다. 그리고 그 신성의 방식을 기꺼이 수용할 한 소녀를 찾아내셨습니다.

사도신경에서 "성령으로 잉태하사 동정녀 마리아에게서 나시고"라는 구절이 빠진다면, 그 다음 구절도 성립되지 않습니다. "본디오 빌라도에게 고난을 받으사 십자가에 못 박혀 죽으시고, 사흘 만에 부활하신" 그리스도 예수를 향한 고백도 할 수 없게 되는 것입니다. 예수 탄생의 신비와 그 기원에 대한 전적 신뢰가 없다면, 십자가 사건과 부활의 의미 또한 고백할 수 없게 됩니다. 동정녀 탄생과 십자가의 부활은 모두 같은 주권 아래에 있기 때문입니다. 따라서 우리는 어느 한 측면도 놓쳐서는 안 됩니다. 모두 우리를 향한 하나님의 신비한 사랑에 대한 전적인 신뢰와 믿음에 기초한 고백이기 때문입니다.

하나님의 새로운 역사는 창조를 통해 시작됩니다. 아니, 창조
적인 방식으로밖에는 일어나지 않습니다. 그것은 전혀 다른 차
원의 실상과 이 땅이 만나 일어나는 일이기 때문입니다. 마리
아는 천사가 예수님의 탄생을 예언하자 "주님, 그러나 저는 남
자를 모릅니다."라고 답했습니다. 마리아의 고백은 "이 일은 제
가 익히 알던 방식으로는 이루어질 수 없습니다."라는 말입니
다. 성육신의 탄생은 유일회적인 역사적 사건이지만 그 원리는
우리의 삶을 통해 계속 이어지고 있습니다. 새로운 부르심 앞에
서 마리아처럼 고백하십시오. "하나님, 당신의 뜻을 저를 통해
이루시고자 하심에 감사드립니다. 그러나 제가 아는 방식에는
한계가 있습니다. 그러니 제 뜻과 한계를 고집하지 않겠습니다.
제가 하늘을 품지 못하더라도 당신이 땅을 품어 주십시오." 마
리아는 생명의 새로운 창조에 자기의 태를 열어주고 기원전의
모든 세계에 균열을 내며 직선으로 횡단합니다. 이러한 의미에
서 그녀는 예수의 어머니기도 하지만, 존재론적 틈을 통해 생명
의 자기 창조를 가능케 하는 상징이기도 합니다.

나는 그녀의 신성에 대한 감지력이 좋다.

가망 없는 세상을 돌진하며 경계를 그어버리는

그녀는 영혼의 천재라 불려 마땅하다.

예수님께서 동정녀 마리아에게 나셨음에는 두 가지 의미가 있습니다. 첫째는 예수님의 육체성입니다. 하나님은 구체적인 역사 속에서 시간과 공간을 선택하시고 아들을 탄생시키셨습니다. 그 일을 위해 마리아의 태는 통로가 되었습니다. 만일 예수님께서 성령으로만 태어나셨다면, 성육신은 우리의 현실과 동떨어진 초월적이고 추상적인 신화가 되었을 것입니다. 그러나 그분은 마리아의 몸을 택하셨습니다. 마리아는 구체적인 역사와 계보 속에 있는 인물입니다. 그 마리아에게서 탄생하신 예수님을 믿음으로써, 사도신경은 하나님의 아들이 매우 구체적인 몸을 입고 찾아오셨음을 고백합니다.

대충 뛰어넘기란 없다.

그분의 사랑은 완전한 몰입.

정신과 몸의 한 점 남김없는

온전한 진입.

사도 바울은 "때가 차매 하나님이 그 아들을 보내사 여자에게서 나게 하셨다"갈 4:4고 고백합니다. 성육신은 구체적으로 '마리아의 몸'을 통하여 이루어졌습니다. 이것은 인간의 물질성과 시간성 속으로의 신적 자기비움Kenosis을 의미합니다. 마리아의 몸은 단순한 수단이 아니라 하나님의 구원 계획에 적극적으로 응답한 자유로운 신체적 '장소'입니다. 마리아는 하나님의 말씀이 '육신'이 되기 위해 문을 연 존재입니다. 이 몸은 단지 '소유하는 대상'이 아니라, 세계를 경험하고 의미를 형성하는 새사람이 살아가는 구체적인 거처입니다. 인간은 생각하기 전에 이미 몸으로 세계 안에 던져져 있으며, 모든 인식과 관계는 몸의 지평 안에서 시작됩니다. 그렇다면 성육신이란, 로고스가 단지 인간의 모습을 취한 것이 아니라 인간 존재의 근원적 조건인 몸의 지평 안으로 들어왔다는 뜻입니다. 다시 말해, 하나님은 관념이 아니라 인간이 겪는 고통, 출산, 피로, 죽음까지도 감당할 수 있는 살과 피의 구조 속으로 '몸화'하신 것입니다.

마리아의 몸은 이 성육신의 현상학적 조건으로서, 지각하고 감응하고 응답하는 장이 되었습니다. 신성과 인간성의 '접속 지점'이 되었습니다. 그 틈을 수용한 마리아의 몸은, 인간적 수용성receptivity의 극치를 드러냅니다. 이것은 수동적 복종이 아니라, 자기 몸을 하나님의 뜻에 열어놓는 능동적인 신적 동역성의 표현입니다. 결국 마리아의 몸을 통한 성육신은 단지 과거의 신비가 아니라, 오늘날에도 인간의 몸, 그 고유한 지각과 감응의 자리에서 신적 현존이 일어날 수 있다는 가능성을 열어줍니다. 그리고 그 가능성은 우리가 자신의 몸을 하나님의 뜻에 열어놓는 순간들, 곧 타자를 환대하고 고통을 감싸 안으며 육체로 응답하는 존재로 살아갈 때마다 다시금 현재화됩니다.

동정녀에게 나셨음은 또한 새로운 역사의 시작과 방식을 나타냅니다. 역사의 거듭남Born Again이 시작되는 시점에 예수님은 인간의 혈통이나 결합을 통해 태어나지 않으셨습니다. 그분은 인간의 사랑이나 욕망, 육체의 뜻이 아닌, 오직 성령 하나님의 씨앗으로 이 땅에 오셨습니다. 성령의 일은 성령의 방식으로만 시작됩니다. 하나님의 일은 인간의 열정이나 욕망, 자기 뜻과 계획이 아니라 항상 성령의 새로운 뜻과 창조적 개입으로만 가능합니다. 그러나 인간은 늘 이 자리를 넘보아 왔습니다. 성령이 주도하셔야 할 자리에 자신을 세우려 하고, 하나님의 일을 하면서도 결국은 자기 욕망과 계획으로 채우려는 유혹에 시달려 왔습니다. 예수님의 탄생은 그런 인간의 시도와 완전히 단절된 사건이었습니다. 그것은 온전히 하나님으로부터 시작된 역사입니다. 우리 또한 그 부르심에 응답할 때, 성령의 인도하심 속에서 새롭게 태어나게 될 것입니다.

창세기에는 인간이 하나님처럼 될 수 있다는 뱀의 유혹이 등장합니다창 3:5. 하와는 그 유혹에 넘어갔습니다. 그러나 마리아는 철저하게 자기 생각과 계획을 내려놓습니다. 자기 주도권을 온전히 내려놓고, "주님, 주님의 뜻이라면 저는 무엇이든 받아들일 수 있습니다."라고 고백했습니다. 영성가들은 이것을 '수동적 능동성'이라고 말합니다. 수동적으로 하나님의 뜻을 받아들이는 것 같지만 그 뜻을 받아내기 위해서는 적극적인 능동성이 필요합니다. 온전히 하나님의 뜻을 담아내는 마리아의 영혼과 몸을 통해 예수님이 동정녀에게서 탄생하실 수 있었습니다. 인간의 한계 속에서도 인류의 모든 주도권과 정과 욕을 넘어 새 기원을 쓰신 예수님의 탄생 방식을 기억하십시오.

마리아의 이런 마음은 성령께서 거하시기에 꼭 알맞았습니다. 마리아에게는 성령님을 모시는 데 장애를 일으키는 요소들이 없었습니다. 닫힌 마음, 메마르고 교만한 마음, 계산적인 마음, 걱정, 집착, 질투, 인색함이 없었습니다. 그 순전한 믿음의 옥토 밭은 성령의 생명 씨앗이 담기기에 꼭 맞았습니다. 하나님의 일이 나타나기를 원하시나요? 그렇다면 먼저 마음을 기경하십시오. 성령의 씨앗을 받기에 아무런 장애가 없는 마음이 필요합니다.

성령에 의한 잉태는 동정녀 마리아를 통해 가능하게 되었습니다. 이 사건은 결코 신화나 상징으로 치부할 수 없습니다. 이 일은 실제 역사 속에서 일어난 구체적인 하나님의 개입 방식을 나타냅니다. 우리는 반드시 기억해야 합니다. 그 자리에는 자기 주도권을 온전히 내려놓은 한 믿음의 여인, 마리아가 있었습니다. 남자의 씨를 통해 이어지는 생명의 방식은 인류가 수천 년 동안 이어 온 자연의 질서이자 경험의 방식입니다. 그러므로 마리아의 질문, "이 일이 어찌 이루어지리이까?"는 단지 한 개인의 의문이 아니었습니다. 그 물음은 인류 전체를 대표한 질문이며, 인간의 한계와 이성, 전통적 방식 너머로 하나님의 새로운 역사를 어떻게 받아들일 것인가에 대한 의문입니다. 마리아는 그 질문 끝에서 결국 이렇게 응답합니다.

> 이 일이 어찌 이루어지리이까? 눅 1:34
>
> − 그럼에도 불구하고 −
>
> 주의 여종이오니 말씀대로 내게 이루어지이다 눅 1:38

이 질문과 고백이야말로 하나님의 뜻을 향해 자기 의지와 계획을 비워내는 믿음의 태도, 그리고 성령의 역사에 온전히 자신을 내어 맡기는 능동적 수동의 자세입니다. 그리하여 새로운 기원의 역사가 시작됩니다. "나는 남자를 모르는데, 어떻게 그런 일이 내게 일어날 수 있습니까?"라고 묻는 마리아에게 천사는 "지극히 높으신 이의 능력이 너를 덮을 것이다."라고 답합니다. 인류가 자기 방식대로 해 왔던 일을 뛰어넘는 것은 성령이 우리를 덮을 때만 가능합니다! 오직 성령의 임재를 구하십시오. 지극히 높으신 이의 능력이 우리를 덮을 것입니다. 물이 바다 덮음과 같이 성령의 충만한 임재를 구하십시오. 창조의 영이신 하나님의 영만이 새 창조와 역사를 일으키실 수 있습니다.

마리아는 거룩한 영이 자신을 덮도록 내어드렸습니다. 자신을 통해 지금까지 인류가 보지 못했던 전혀 새로운 방식의 잉태가 일어나도록 승인했습니다. 우리의 삶에도 마리아와 같은 내어드림과 승인이 있기를 소망하십시오. 질문은 얼마든지 드릴 수 있으나 내 방식을 고집하지는 마십시오. 마리아처럼 "주의 여종이오니 말씀대로 이루어 주소서. 새로운 영으로 나를 창조하소서."라는 기도를 통해 성령께서 일하십니다. 마리아의 순종은 자신을 주님의 여종이라고 부르는 데에서 시작됩니다.

장벽이 질문과 응답을 통해 무너진다.
가장 낯선 타자의 부름이
가장 겸손한 대답 안에 머문다.

누가복음 1장 46~50절에는 마리아의 찬가가 나옵니다. 상식적으로 볼 때, 처녀의 몸으로 잉태했다는 것이 기뻐할 수 있는 일은 아닙니다. 그러나 마리아가 찬양할 수 있는 이유는 성령이 마리아에게 임하셨기 때문입니다. 마리아는 "내 영이 주를 찬양합니다. 내 마음이 구주를 기뻐합니다. 주는 이 여종의 비천함을 돌아보셨습니다."라고 고백합니다눅 1:46~48. 또 그녀는 "보라! 이제 후로는 만세의 날에 복이 있다고 일컬음을 받을 것이다. 능하신 이가 큰일을 내게 행하셨으니 그 이름이 거룩하시고 두려워하는 자에게 긍휼히 여기심이 대대로 이루실 것이다."라고 찬양합니다눅 1:49~50. 마침내 동정녀 마리아에게서 나신 예수님의 사역은 바로 성령의 일을 행하시는 것이었습니다. 묶인 자들을 해방하고 병든 자를 고치시며 하나님의 나라를 이 땅에 구체적으로 실현하는 위대한 일이었습니다. "성령으로 잉태되어"라는 고백은 결국 하나님께서 우리 가운데 오시기 위하여 인간의 한계를 기꺼이 수용하시고, 그 한계를 넘어 새로운 생명의 존재 방식을 여셨다는 믿음의 선언입니다.

존재와 실존의 만남

"성령으로 잉태되어"라는 고백은 복음서에 기록된 예수 그리스도의 기적적 탄생 사건을 요약하는 표현이다. 그러나 바르트는 이 고백이 단순한 초자연적 사건을 진술한다고 보지 않는다. 그는 이것을 하나님의 자유로운 은혜가 인간 실존 속으로 돌입한 사건으로 해석한다.

> 동정녀, 하나님의 잉태자여, 온 세상도 담을 수 없는 그분께서, 인간이 되시어 당신의 태중에 스스로를 감추셨나이다. … 그것이 실제로 어떻게 일어난 것인지는 우리는 파악할 수 없다. … 바로 이와 같은 방식으로 하나님께서는 자신을 계시하실 수 있으며, 자신을 계시하고자 하신다면 반드시 이러한 방식이어야 한다.[1]

---

1 Barth, Karl. *Church Dogmatics: The Revelation of God: The Incarnation of the Word. Volume I, §§13-15.* Edited by G. W. Bromiley and T. F. Torrance. Edinburgh: T&T Clark, 2009, 39-40.

하나님은 무한한 존재이시지만, 스스로 유한한 인간 안에 자신을 감추어 계시하셨으며, 바로 그러한 '감추어진 드러남'이야말로 하나님의 방식이다. 그 실재는 인간 이성으로 파악될 수 없지만, 계시는 본질적으로 그렇게 파악 불가능한 방식으로 일어나야만 한다. 바르트는 하나님의 계시가 인간이 접근할 수 있는 논리나 경험의 연장선상에 있지 않다고 말한다. 동정녀의 태중에 '온 세상을 담을 수 없는 하나님'이 스스로를 숨기신 사건은 신비 그 자체이며, 인간의 이해 너머에서 주어지는 자기 은폐적 계시이다. 그게 있어 계시는 단순한 정보전달이 아니라, 존재의 자기 수락과 침입이며, 인간은 그 앞에서 침묵하고 경외해야 한다. 반면, 틸리히는 '성령으로 잉태됨'을 새 존재가 인간 조건 속으로 돌입한 사건으로 이해한다.

기독교 메시지 안에는 단 하나의 진정한 역설이 있다. 그것은 바로 실존의 조건 아래서 실존을 정복하는 존재의 출현이라는 역설이다. 성육신, 구속, 칭의 등은 이

역설적 사건 안에 포함된다. 이 사건을 역설로 만드는
것은 논리적 모순이 아니라, 그것이 인간의 모든 기대
와 가능성을 넘어선다는 사실이다. 이 사건은 경험과
현실의 맥락 안으로 침입하지만, 그 맥락에서 기원한
것이 아니다.[2]

틸리히에게 '성령으로 잉태'된다는 것은 기독교의 중심 메시지
가 주는 존재론적 역설과 연결된다. 이는 인간 조건을 넘어서는
초월적 존재가 인간 조건 안으로 침입하는 사건이며, 이는 이성
적 모순이 아니다. 이 역설은 인간의 가능성으로부터 유래하지
않으며, 오히려 인간 실존의 한계를 깨뜨리는 신적 사건이다. 그
는 성육신, 구속, 칭의 같은 기독교적 사건들을 모두 '실존을 정
복하는 존재', 곧 예수 그리스도 안에 나타난 하나님의 등장으
로 해석한다. 이 사건은 경험 세계 안에서 일어나지만, 그 근거

---

2 Tillich, Paul. *Systematic Theology, Volume I: Reason and Revelation;*
Being and God. Chicago: University of Chicago Press, 1951, 57.

는 경험 너머 '궁극적 실재'에 있다. 따라서 이 역설을 받아들인다는 것은 이성을 거부하는 것이 아니라, 존재의 깊이와 위로부터의 힘, 즉 신성에 사로잡히는 것을 의미한다.

보이는 행동보다 더 중요한 것은 빌라도의 숨은 동기와 의도입니다. … 결국 그는 그 상황 한가운데에서 온 우주를 다스리시는 하나님의 손길을 믿을 수 없었습니다. 아니, 믿으려 하지 않았습니다. 그는 눈앞의 권력과 안위를 지키기 위해 참 진리를 보고도 외면했고, 생명의 주님 앞에서 침묵하거나 손을 씻음으로 책임을 피했습니다. 그것은 그때 한순간 일어난 일이 아니라 오랫동안 자기 욕망을 따라 축적된 빌라도의 삶의 방식이었습니다.

3

빌라도 - 누구라도 그 상황이면 그랬을 거요

보잘것없는 한숨과

더 큰 현재가

거래되었다.

유일한 미래로 가는 길이

부당한 재판을 받는다.

사도신경에는 세 명의 중요한 이름이 등장합니다. 가장 중요한 이름은 예수 그리스도입니다. 그리고 마리아와 빌라도의 이름이 뒤이어 등장합니다. 마리아는 예수님을 이 세상에 탄생하게 한 거룩한 모태이며, 빌라도는 예수님을 십자가에 못 박아 죽음에 이르게 한 저주의 아들입니다. 이 둘은 이렇게 대척점에 놓인 인물로 평가되고 있습니다. 혹자는 빌라도에 대한 평가가 너무 가혹한 것이 아니냐고 생각합니다. 빌라도도 나름대로 최선을 다해 예수님을 살리려 했지만, 어쩔 수 없는 상황의 희생자가 되었다고 변론합니다. 만약 그런 일이 자신에게도 일어난다면 빌라도와 같은 선택을 했을 것이라 말하는 이들도 있습니다. 정작 예수님을 팔아넘긴 것은 가룟 유다인데, 왜 사도들은 예수님을 십자가에 못 박은 자로 빌라도를 고발했을까요? 사도들이 무엇을 죄라고 보았는지, 그 기준을 겸손히 인정하며 알고자 하는 자세가 필요합니다. 우선 우리는 눈에 보이는 세계에 매여 있기에, 판단할 때 배후에서 움직이는 영과 동기에 대해 잘 알아차리지 못합니다. 도대체 빌라도의 어떤 점들이 동정녀 마리아와 대척점에 서 있는 인물로 그를 평가받게 했을까요? 이 평가에 대해 잘 이해할 때, 우리는 무엇이 큰 죄이고 작은 죄인지에 대한 하나님의 기준을 알게 될 것입니다. 그럴 때 큰 죄를 작다고 여기며, 실은 나이브하게 사망의 법도를 따르던 우리의 기준을 회개하게 될 것입니다.

사도신경에서 빌라도가 등장하기 전에 나오는 인물은 마리아입니다. 다음으로 예수께서 빌라도에 의해 고난을 받으신 사건이 나오며, 그다음에는 예수님께서 십자가에 못 박혀 죽으시고 부활 승천하셨다는 고백이 나타납니다. 마리아의 잉태와 예수님의 부활 사건은 인간의 한계를 넘어선 초자연적인 사건입니다. 그런데 이 두 놀라운 사건 사이에 빌라도라는 인물이 삽입되어 있습니다. 빌라도는 중요한 역사성을 상징합니다. 그는 무명의 인물이 아닙니다. 로마에서 파견된 총독으로서 막강한 권력을 지닌 인물이었으며, 로마의 역사학자 요세푸스Flavius Josephus의 역사서에도 기록되어 있습니다. 그는 예수님의 잉태와 부활 사건 사이의 시기에 실존했던 인물입니다. 빌라도는 13명의 로마 총독 중 한 사람으로, 로마의 식민지였던 이스라엘의 총독을 여러 번 지냈습니다. 총독은 보통 5~6년 정도의 임기를 마치면 퇴임해야 하는데, 빌라도는 연임할 정도로 매우 유능한 사람이었습니다. 그는 완고하고 똑똑한 데다 식민지를 통치하는 것에 있어 잔인할 정도로 완벽을 추구하던 사람이었습니다. 무엇보다도 그는 예수님을 만난 유일한 로마의 총독이기도 했습니다. 이 빌라도로 인해 예수님의 탄생과 부활에 대한 고백은 역사성을 띠게 됩니다. 믿음은 초자연적인 기적과 보이지 않는 실상에 기반하고 있지만, 그것이 삶에 나타날 때는 언제나 역사적인 뿌리와 구체적인 현실에 적용됩니다.

그런데 빌라도에 대해 많은 신학적 논쟁과 변론이 있습니다. 첫

째는 잘못된 예정론의 폐해로 인해 발생한 논쟁입니다. 어떤 이들은 빌라도가 없었다면 예수님의 십자가 사건이 완성될 수 없었을 것이라고 주장합니다. 빌라도는 전지全知하신 하나님의 구원 계획을 완성하기 위해 선택된 필요악이라는 것입니다. 우선 이 주장은 자유 의지를 가지고 선택하고 결정하는 인간의 책임을 무화시킨다는 문제가 있습니다. 또한, 하나님께서 계신 시간의 차원을 인간의 인과적 갇힌 시간과 혼동하는 데에서 일어나는 오해도 있습니다. 하나님이 아신다는 것은 우리와 같이 인과적인 시간 속에서 아신다는 것이 아닙니다. 하나님은 모든 시간의 차원을 뛰어넘으신 영원한 시간 속에 계시며, 어제도 오늘도 계시며, 우리의 과거에도 미래에도 계십니다. 그분의 시간은 전체적이며 또한 중첩적입니다. 하나님은 결과적으로 빌라도가 어떤 선택을 할 것인지, 어떤 동기를 가지고 행동할 것인지를 아는 '시간의 영원성과 중층성' 안에 존재하십니다. 하나님의 앎과 우리의 앎이 이렇게 전혀 다른 차원에 기반하고 있음을 기억하면서 예정론의 오해를 분별해야 합니다.

영원에 대한 지식이

선험적 시간에 머물 수 있나.

앎이 크로노스의 시간에 갇혀 똘똘 말리면

엉뚱한 오해가 지배한다.

빌라도에 대한 두 번째 착각은 그가 예수님을 구하기 위해 최선을 다했다는 엉뚱한 변론입니다. 요한복음 18장에는 어둠 속에서 움직이는 사람들의 군상이 등장하는데, 예수님을 체포한 무리는 그분을 재판에 넘기기 위해 로마 총독 빌라도가 머무는 관저 앞으로 몰려듭니다. 유대의 법과 전통에 따르면, 밤에는 재판을 열 수 없었습니다. 하지만 그들은 밤의 은밀함 속에서 그분을 몰래 심판하려 했습니다. 그리고 날이 채 밝기도 전, 새벽녘에 그들은 관저 앞까지 쳐들어가, 빌라도에게 밖으로 나와 재판을 열어 줄 것을 요구합니다. 왜 직접 들어가지 않았을까요? 그것은 유월절 절기를 앞둔 유대인의 관습 때문입니다. 이방인의 관청에 들어가는 것은 '부정함'으로 간주하여 절기에 참여할 수 없다고 믿었기 때문입니다. 거룩한 분을 죽이려는 속셈을 거룩함을 지키는 척하는 위선과 무지로 가립니다.

빌라도는 이들의 요청에 따라, 관청 밖으로 나와 예수님에 대한 심문을 시작합니다. 이 모습을 두고, 일부 사람들은 빌라도가 융통성 있고 배려 깊은 인물이라 평가하기도 합니다. 그러나 그 배려는 진리를 위한 것이 아니었습니다. 우리는 이 장면에 숨은 동기와 의도를 알아야 합니다. 이 장면은, 빛이신 예수님과 어둠 속에서 벌어지는 인간의 위선, 그리고 겉으로는 경건을 지키려 하지만 실제로는 진리를 외면하는, 종교와 정치가 결탁한 위선의 민낯을 동시에 드러내고 있습니다. 바리새인들은 백성들을 이용해서 예수를 제거하려 했고, 빌라도는 이 폭도들을 잘 구슬려서 총독 자리를 유지하고자 하는 목적이 있었습니다. 서로서로 이용하기 위해 겉으로는 그럴듯하고 예의 바른 태도를 보인 것입니다. 그러나 역사의 평가에 의하면 빌라도는 너무나 잔인한 사람이었습니다. 단순하게 겉으로 보이는 부분적인 행동만으로 사람을 평가하면 안 되는 이유입니다.

보이는 행동보다 더 중요한 것은 빌라도의 숨은 동기와 의도입니다. 그는 이미 진리보다 자기 자리를 지키기로 선택했기 때문에, 그의 모든 전략과 배려는 예수님을 십자가에 못 박으려는 악의 실체 앞에서 온전히 무력했습니다. 그런데도 자신이 예수님을 지키려 최선을 다했다는 합리화와 명분 앞에서, 빌라도의 지혜는 인간의 잔꾀로 전락했습니다. 우리의 신앙에도 합리화와 명분이 앞세워지는 지점이 있습니다. 하나님 앞에서 최선을 다했다고 생각하는 순간, 멈춰서 그 동기와 의도가 무엇이었는지 살펴보십시오. 우리의 마음속에 가장 중요한 동기가 무엇이 었는지, 또 무엇을 선택하려고 마음속으로 작정하고 있었는지가 중요합니다. 결과적으로 빌라도는 진리와 의에 궁극적 관심이 없었으며, 어떻게든 총독 자리를 지켜내는 것이 더 중요했음을 알 수 있습니다. 빌라도의 목적과 동기에는 하나님이 이 상황의 주권자시라는 신뢰가 없었습니다. 누구든지 '자기 자리'를 지키려는 의도와 목적 앞에서는, 아무리 선한 의지를 품고 있어도 치밀하게 얽힌 악의 조직망을 스스로 빠져나오기는 불가능합니다. 바로 그 지점에서, 하나님의 살아계심을 믿고 그분의 주권을 인정하는 이의 삶과, 그렇지 않은 이의 삶은 극명히 갈라집니다. 빌라도는 로마 총독이라는 자리를 지켜야 한다는 욕망과, 폭도들의 분노와 압력에 대한 두려움에 사로잡혀 있었습니다. 결국 그는 그 상황 한가운데에서 온 우주를 다스리시는 하나님의 손길을 믿을 수 없었습니다. 아니, 믿으려 하지 않았습니다. 그는 눈앞의 권력과 안위를 지키기 위해 참 진리를 보고도 외면했고, 생명의 주님 앞에서 침묵하거나 손을 씻음으로 책임을 피했습니다. 그것은 그때 한순간 일어난 일이 아니라 오랫동안 자기 욕망을 따라 축적된 빌라도의 삶의 방식이었습니다.

> 욕망은 정직하게
> 때를 기다린다.
> 실제로 무언가 일어났다면
> 오랫동안 준비되어 체현된 것이다.

그러나 하나님의 나라는 인간의 권력 계산이나 욕망의 논리에 따라 움직이지 않습니다. 하나님은 인간이 가진 악의 도구마저도 합력하여 선을 이루는 분이십니다. 그럼에도 불구하고 하나님은 그런 빌라도에게 끝까지 기회를 주십니다. 우선 빌라도의 아내가 예수님에 대한 꿈을 꾸었습니다. 아내는 빌라도에게 의로운 사람이 잡혀 왔다며 그의 일에 관여하지 말라고 간청하면서 멸문지화를 당할지도 모른다고 경고합니다. 두 번째 기회는 바로 악의 실체를 보게 하신 것입니다. 당시 상황에 대한 빌라도의 보고서에는 "저는 폭도들을 많이 보았지만, 예수를 십자가에 못 박아 죽이라는 광기만큼이나 격렬한 것은 본 적이 없습니다. 마치 지옥에서 악마들이 다 모인 것 같았습니다. 사람들은 걸어 다니는 것이 아니라 땅에서 유령처럼 솟아난 것처럼 보였습니다."라고 기록되어 있습니다.[1] 하나님께서 악의 영적 실체를 빌라도에게 알게 하신 것입니다. 그러나 빌라도는 그 기이하고 거대한 악의 소용돌이를 보고서도, 자신이 가진 정치적 계산과 인간적인 술수를 선택했습니다. 마치 자신이 예수님을 심판할 권세라도 가진 듯이 행동했지만, 정작 그는 진리 앞에 서 있으면서도 그것을 알아보지 못했습니다. 진리를 대면하면서도 자기 자리를 지키기 위해 그것을 외면하는 사람의 모습―그것이 바로 빌라도였습니다.

빌라도는 악의 실체를 보면서도 예수님의 재판이 단순한 정치적 사안이 아니라, 본질적으로 영적인 문제임을 끝내 외면했습니다. 그는 교만했고, 동시에 두려웠습니다. 이 두 가지는 별개가 아니라 오히려 깊이 연결되어 있습니다. 교만과 두려움은 역

---

1 벨레루스 파테르쿠러스/구영재 옮김, 『빌라도의 보고서』 (서울: 아가페출판사, 2007) 참고.

설적으로 같은 뿌리에서 자라난 열매들입니다. 그 뿌리에는 자기 자신을 왕으로 삼는 마음이 있습니다. 바로 그 마음이 진리를 외면하게 하고, 두려움 속에서 옳은 선택을 미루게 하며, 결국 하나님의 뜻과 멀어지게 만듭니다. 이 일은 어느 한순간에 일어난 것이 아닙니다. 오랜 시간에 걸친 선택의 결과입니다. 빌라도는 총독의 자리를 지키기 위해 수많은 학살과 억압을 저질렀고, 늘 정치적 배후와 로마의 눈치를 살피며 두려움 속에서 살아가는 삶을 선택해 왔습니다. 그 틈을 타고 악한 영들이 빌라도의 시야를 흐리게 했고 결국 그는 진리를 볼 수 있는 눈을 잃어버렸습니다. 하지만 하나님께서는 그런 빌라도에게조차 여러 번 기회를 주시며 다양한 방법으로 말씀하셨습니다.

> 내가 살아 있다. 네가 진리를 알고자 한다면,
>
> 나는 어떤 상황에서도 너를 도울 수 있다.

그러나 빌라도에게는 그 말씀을 붙잡을 의지가 없었습니다. 그가 생명처럼 여긴 것은 로마 황제의 눈치와 자신의 총독 자리였으며, 그 자리를 지켜주는 힘이 하나님이 아니라 정치적 권력과 인간의 꾀라고 믿었습니다. 하지만 역사는 진리의 역설로 가득 차 있습니다. 카이사레아의 유세비우스Eusebius of Caesarea가 쓴 『교회사』에 따르면, 후에 로마 황제는 빌라도에게 어찌하여 예수와 같은 중대한 인물을 처형하며 황제에게 보고조차 하지 않았느냐고 질책합니다. 빌라도는 자기가 꾀를 부려 자리를 지켰다고 여겼지만, 실은 그 꾀에 자기 자신이 넘어간 것이었습니다. 그리고 그 선택은 진리를 외면한 인간의 비극이 어떻게 완성되는지, 그리고 어떤 평가를 받는지에 대한 사례로 남았습니다.

우리 역시 어려움에 부닥칠 때, 진실로 하나님을 신뢰하면서 돌파하고자 한다면, 얼마든지 길을 열어주실 수 있습니다. 에스더가 바로 그러했습니다. 에스더는 하나님께서 허락하신 권세와 영향력, 그리고 관계가 결정적 순간에 이스라엘 민족의 생명을 구하기 위함을 알아차렸습니다. 모르드개가 "네가 왕후의 자리를 얻은 것이 이때를 위함이 아닌지 누가 알겠느냐?"에 4:14라고 도전했을 때, 에스더는 삼촌의 말에 "죽으면 죽으리이다"에 4:16라고 정면으로 돌파하였고, 결국 민족을 살리고 생명의 계보를 잇는 영광스러운 일을 감당할 수 있었습니다.

두려웠던 빌라도와 달리 예수님은 폭도들의 광기와 살기 앞에서 당당하셨습니다. 빌라도와 예수님의 차이는 왕권이 누구에게 달려있는지 아는가의 차이입니다. 빌라도는 왕권이 세상 권세에 달려있다고 생각했고 어떻게든 자기 권세로 이 일을 해결해 보고자 했습니다. 그러나 예수님은 정반대의 말씀을 하십니다. "내가 바로 왕이다. 내가 죽을지라도 승리케 하시는 하나님이 나와 함께 하시기 때문이다. 나의 운명은 세상 권세에 달려있지 않다. 그 모든 권세는 하나님으로부터 난다."라고 대답하셨습니다요 18:36. 빌라도는 이 대답을 이해할 수 없었습니다. 빌라도가 아는 왕은 권력을 가지고 자기 욕망대로 지배하는 자이지만 예수님의 왕권은 진리를 전하며 온 세상을 생명으로 살리는 데에 있었습니다. 빌라도는 이 재판이 무언가 잘못되었음을 직감했습니다. 그러나 그는 결국 진리를 선택하지 않고 탐욕과 현실 문제, 자신의 두려움을 선택했습니다. 사도신경은 이러한 빌라도에게 유죄 판결을 내립니다.

빌라도는 로마의 많은 총독 중 살아계신 하나님의 아들을 대면한 유일한 총독이었습니다. 그러나 그는 탐욕과 두려움으로 눈이 가려져서 그분이 누구인지 알 수가 없었습니다. 요세푸스에 의하면, 그는 결국 두려움 때문에 자살하는 최후를 맞이했습니다. 세상의 정욕을 위해 살려고 하면 악신이 반드시 돕습니다. 빌라도는 자기 판단이 어둠의 영적 세력으로부터 오는 것인지 알지 못했고, 자기의 정욕과 출세욕, 두려움의 배후에 무엇이 움직이는지 알 수 없었습니다. 악의 권세의 집요한 추적과 능력이 얼마나 강력한지 깨닫지 못했습니다. 그래서 사도들은 빌라도에게 죄가 있다고 말할 수밖에 없었습니다. 빌라도는 왕이 되고 싶어 하며 살았고, 자기 판단이 어디에서 온 것인지도 모른 채 오만함 가운데 살았습니다. 결국 그는 다시 돌이킬 수 없는 오류를 범하고 하나님의 아들을 십자가에 못 박는 일에 결정적인 역할을 하게 됩니다.

끝내 되찾을 수 없는 시간이 있다.
물음표 앞에서 멈추지 않고
전리품에 폭주하는 고장 난 브레이크.

그리스도인들이 예수를 왕으로 고백한다는 것은, 단순한 신념이 아니라 세상 질서와 전혀 다른 통치의 방식에 동의한다는 고백입니다. 빌라도는 예수님께 "진리가 무엇이냐?"라고 물었지만 대답을 듣지 못합니다. 진리는 살아계신 하나님의 아들에 관한 일입니다. 그러나 진리가 바로 눈앞에 서 있는데도 빌라도는 알아볼 수가 없었습니다. 단순히 무지했기 때문이 아니라 그의 내면 깊숙한 곳에는, 자신을 왕으로 세운 교만과 그 교만이 만들어낸 구조적인 두려움이 자리하고 있었기 때문입니다. 빌라도는 자기 통치의 시스템을 유지하는 데 집중하느라 진리를 마주하는 일에 실패했습니다.

우리는 때로 길이 없다고 느끼지만, 하나님은 말씀하십니다. "네가 믿고자 한다면, 나는 반드시 길을 열 것이다. 보이지 않던 자원과 사람, 환경과 가능성은 이미 준비되어 있다." 우리의 결단이 진리를 향해 있다면 길은 얼마든지 있습니다. 그 길을 찾는 여정은 우리의 믿음과 시간이 만들어 낸 삶의 흔적 곳곳에 그분이 숨겨두신 보물찾기와 같습니다.

존재와 실존의 만남

빌라도는 예수에게서 죄를 찾지 못했음에도 불구하고 정치적
압력에 굴복하여 십자가에 못 박도록 내어준다. 혹자의 주장과
같이 이 빌라도의 '어쩔 수 없는 선택'은 하나님의 예정에 의한
것일까? 바르트에게 예정은 하나님의 '자유로운 사랑 안에서'
결정된 구원의 현실이다. 인간은 스스로 실존을 구성하는 것이
아니라, 오직 하나님의 은혜에 의해 선택되고 존재한다.

예정론에 대한 모든 진지한 견해는, 하나님의 자유로
운 결정이 곧 신비이며 그 결정의 근거는 우리에게 숨
겨져 있다는 점에 동의한다. 우리는 하나님이 선택하실
때 그 자리에 함께하지 않았으며, 그 결정에 대해 나중
에 설명을 요구할 수도 없다. 하나님의 뜻은 '왜?'라는
질문을 허락하지 않는다. 그것은 오직 '그러므로'라고만
말할 수 있으며, 모든 '그러므로'의 근원이 되는 궁극의

'그러므로'이다.[1]

바르트에게 예정은 인간의 이해나 통제를 초월한 하나님의 자유로운 자기 결정이며, 그 결정은 설명될 수 있는 원인이 아니라 존재적 선언으로 주어진다. 이 말은 하나님의 뜻이 인간의 이성이나 도덕, 조건적 사고의 틀로 해석될 수 없다는 점을 강조한다. 그러나 이 말은 인간의 무능력이나 상황 논리를 정당화하는 것이 아니다. 오히려 인간에게 주어진 구원과 생명이 오직 하나님의 은혜와 부르심을 통해 가능해졌다는 은혜를 가리킨다. 예정론은 예수 그리스도 안에서 이루어진 일에 대한 감사의 시선으로만 이해할 수 있다. 즉 예정론의 핵심은 구원받을 자와 심판할 자를 미리 정하셨다는 것이 아니라, 하나님 자신이 인간을 대신하여 정죄와 선택 모두를 감당하셨다는 것이

---

1 Barth, Karl. *Church Dogmatics, Volume II: The Doctrine of God*. Edited by G. W. Bromiley and T. F. Torrance. Edinburgh: T&T Clark, 1957, 21.

다. 하나님은 인간의 거절과 그 모든 결과를 예수 그리스도 안에서 스스로 감당하시며, 인간이 하나님 당신의 영광에 참여하도록 선택하신다.[2] 한편, 틸리히는 예정론을 존재의 구조적 필연성으로 해석한다. 예정은 구체적 개인의 구원 혹은 정죄가 아니라 오히려 인간 존재가 필연적으로 소외estrangement와 화해reconciliation를 경험한다는 구조적 조건이다.

> 궁극적 존재의 힘에서 소외된 인간은 자신의 유한성에
> 의해 규정된다. 인간은 자연적 숙명에 따라 살아야 하
> 며, 무無에서 와서 무로 돌아간다. 그는 죽음의 지배를
> 받고 있으며, 죽어야 한다는 불안에 의해 끊임없이 추
> 동된다. … 본래적인 유한성이 실존적 악으로 변형되는
> 것은 소외 상태의 보편적 특징이다.[3]

---

2 Barth, Karl. *Church Dogmatics, Volume II: The Doctrine of God.* Edited by G. W. Bromiley and T. F. Torrance. Edinburgh: T&T Clark, 1957, 95.

3 Tillich, Paul. *Systematic Theology, Volume II: Existence and the Christ.*

틸리히에게 인간 실존은 존재 자체부터 이미 소외된 상태이며, 소외된 존재라는 필연이 먼저 작동하고 있다. 실존은 인간이 존재의 본질과 분리된 상태로 이미 존재하는 것이다. 인간은 이 소외를 극복하고 존재 자체와의 재결합을 향해 나아가야 한다.

바르트와 틸리히는 모두 실존이 자율적 구성물이 아니라 외부로부터 주어진 조건 속에 있다고 본다. 구원의 예정이 그리스도 안에 있는 하나님의 은혜의 사건이라면 그 은혜에 대한 응답이 필요할 것이며, 존재론적 구조로 이해한다 해도 인간 실존의 조건을 벗어나 소외와 화해의 소망이 있어야 할 것이다. 결론적으로 빌라도의 유죄가 불공평하다고 하지 못할 것은 그에게는 은혜에 대한 응답도, 인간소외의 조건을 벗어나 참된

Chicago: University of Chicago Press, 1957, 66, 68.

존재로 살고자 하는 소망도 없었기 때문이다. 빌라도는 그저 넘겨줬을 따름이라고 했지만 판결은 이미 내려져 있는 것이었다. 빌라도가 재판석에 예수 그리스도를 중범죄자로 앉히는[4] 행위는, 우리를 구원할 존재를 오히려 우리가 심판하고 있다는 것을 의미한다. 덧없이 사망의 법 속에 있는 세계는 구원이 아니라 자기들이 정한 정의를 원하기 때문이며, 세계가 정의를 원하는 이유는 바로 은총으로 구원받는 길을 원하지 않기 때문이다. '구원받을 수 없는 피조물이 영원한 존재에 대해 판결을 내린다. 그리고 그러한 속성을 승인하고 버려둔다.' 바로 이 진리를 외면하고 죽음에 버려둠의 행위가 결국 예수께서 빌라도에게 십자가에 못 박히셨다고 고백하는 이유이다.

---

4 개역 번역은 요한복음 19장 13절의 "빌라도가 이 말을 듣고 예수를 끌고 나와서 박석(히브리 말로 가바다)이란 곳에서 재판석에 앉았더라."는 본문을 자동사로 번역하지만, 유스티노를 비롯한 성서학자들과 아감벤은 '앉혔다ekathisen'라는 타동사로 본다. 즉 "그는 예수를 밖으로 데리고 나가 그를 재판석에 앉혔다." 가 본문이 진정으로 의미하는 바이다. 로마 재판법상 예수에게 적용된 것과 같은 중범죄는 재판석에 배석한 상태에서만 판결을 내려야 했기 때문이다.

십자가는 단순한 고난이나 윤리적 모범이 아닙니다. 존재의 근원적 전환이 일어난 자리, 죽음 너머의 생명으로 이어지는 창조적 자리입니다. 즉 십자가는 윤리적 교훈을 넘어, 그리스도 안에서만 가능한 무(無)의 가능성, 곧 철저한 자기비움 안에서 새롭게 생성되는 존재의 재창조를 뜻합니다. 그리스도인의 삶은 바로 이 십자가를 현재화하는 것입니다.

4

십자가 - 거절당하신 하나님의
무로부터의 창조

십자가가 죽음으로 끝나지 않는다면
구원으로 가는 자유의 길목임이 틀림없어.

예수님께서 십자가 위에서 돌아가신 일은 이천여 년 전의 역사적 사건입니다. 우리는 이 일을 '유일회적인 사건'이라고 고백합니다. 그러나 그 유일회성은 단순히 단 한 번 있었다는 시간의 폐쇄성 안에 갇힌 개념이 아닙니다. 그 이유는 십자가의 유일회성이 나타내는 독특한 죽음의 특성에 기인합니다. 비록 육신은 죽었지만 살아 있는 영으로, 우리의 시간 속에서 함께하는 부활의 몸으로 다시 살아나는 특이한 죽음이기 때문입니다. 그 결과 예수 그리스도의 성령은 그리스도와 함께 십자가를 지고 죽는 사람들과 함께 죽으시고, 다시 살고 계십니다. 그래서 예수님의 십자가 사건은 지금도 역사하고 있는 살아 있는 사건입니다.

성경은 십자가 사건의 원리가 이천여 년 전 사건인 동시에, 태초부터 있었던 창조의 원리라고 기록하고 있습니다. 제디스 맥그리거Geddes MacGregor는 그의 저서 『사랑의 신학』[1]에서 사랑의 결정체는 바로 '자기부정의 십자가'라고 말합니다. 책의 서두에서 그는 질문합니다. "창조가 일어날 때는 창조주 하나님이 계셨으며 예수님이 십자가를 지신 것은 그 후의 일이지만, 역사 속의 십자가 사건 전에는 과연 십자가가 없었을까?" 이 질문에 답하기 위해 그는 '예수 그리스도가 살아계신 하나님의 말씀이다'라는 고백과 성령의 운행 가운데 말씀의 창조가 일어났다는 것을 함께 묵상합니다. 그 결과 그는 창조의 결정적 사건이 바로 십자가 사건임을 깨닫습니다. 태초의 창조 가운데도 자기부정의 십자가가 있었습니다. 삼위일체 하나님께서 상호 교통하심 가운데, 사랑의 공동체를 이루기 위해 서로 십자가를 지신 것입니다. 즉 십자가 사건은 태초부터 있었으며 세상 끝날까지 계속됩니다. 이것이 인간 역사 속에서 분명하게 드러난 것이 예수님의 십자가 사건입니다. 그러나 십자가는 역사를 초월하여 온 우주 만물과 시간에 드리워져 있습니다. 창조와 구

---

1 제디스 맥그리거/김화영 옮김, 『사랑의 신학』 (서울:대한기독교서회, 2011) 참조.

원이 일어나는 모든 순간을 관통하는 생명과 살림의 원리가 바로 십자가입니다.

공동체로 모인 곳에서도 자주 갈등과 분열의 위기가 나타납니다. 이는 인간이 자신의 존재를 자기중심적으로 주장하려는 근원적 충동, 하나님의 말씀 앞에 자신을 절대화하려는 죄 된 욕망이 있기 때문입니다. 이것은 인간의 타고난 본능입니다. '존재 자체로 이탈한' 인간은 본성적으로 자기 주장을 멈출 수 없습니다. 그러므로 공동체는 절대 인간적 의지만으로는 거룩해질 수 없습니다. 그렇다면 이 깨어진 실존을 무엇이 새롭게 할수 있겠습니까? 바로 십자가입니다. 십자가는 창조의 순간부터 생명 그 자체 안에 잠재해 있던 하나님의 '자기 내어줌'의 원리이며, 가장 충만한 생명이 스스로를 비워 공동체를 이루는 비밀입니다. 그 십자가의 본질이 최초로 우리에게 모습을 드러낸 장소가 있습니다. 바로 창세기 3장의 에덴동산입니다. 더 정확히 말하면, 에덴동산의 한가운데에 있는 선악과의 경계입니다. 에덴동산의 선악과는 단순한 시험이 아닙니다. 그것은 자기중심성을 넘어 근원적 생명의 관계 속에 있는 타자의 명령에 귀를 기울이는 초월의 경계를 상징합니다. 하나님은 인간의 정과 욕을 무한히 충족시키는 분이 아니라, 자기비움 속에서 인간을 자유롭게 하시는 분입니다. 이 경계를 통해 우리는 하나님과의 친밀한 동행과 풍요를 누리게 됩니다. 이는 단순한 감정적 기쁨이 아니라, 존재 깊은 곳에서 솟아오르는 참된 충만입니다. 진정한 자유는 생명의 한계와 경계를 수용할 때만 주어집니다. 진정한 자유는 하나님이 정하신 경계를 인식하고, 자기를 초월하는 자기부정 안에서만 실현됩니다.

선악과를 따먹고 난 후 아담과 하와는 더는 자기 안에 하나님이 계시지 않음을 경험했습니다. 하나님과 영적으로 교통하는 충만함과 기쁨을 다시는 누릴 수 없었기 때문입니다. 오늘날 인류가 끊임없이 불행에 시달리는 이유가 여기에 있습니다. 사람들은 돈이 없어서, 환경이 충분하지 않아서, 관계가 악화되어서 불행하다고 생각하지만, 실은 우리 영혼이 죄와 사망의 법에 구속되어 있기 때문입니다. 이것이 우리가 겪는 불행의 근본입니다. 하나님과 관계가 끊어지면서 여호와를 아는 지식에서 분리되었고, 그분과 대화하며 교감할 수 있는 감각을 잃어버렸습니다. 그 빈자리에 두려움과 공허와 탐욕이 몰려왔습니다. 사망의 문이 열리기 시작했습니다. 하나님의 빈자리를 채우려 우리는 탐욕과 정욕을 추구하지만, 결코 이 감옥에서 벗어날 수 없음을 깨닫습니다. 그 자리에 우울과 슬픔, 좌절과 파괴가 생겨납니다.

누군가 몰래 심어 놓은 분리의 불신.
채워져야 할 것이 채워지지 않으면
그 틈에 무언가 다른 것이 심겨진다.
우리 조상의 이야기이자 오늘 나의 이야기다.

가인과 아벨의 이야기는 하나님으로부터 분리된 인간의 실존을 보여줍니다. 하나님으로부터 분리된 죄의 문제는 모든 인류의 실존입니다. 예수님께서 바로 이 비극적 운명을 해결하기 위해 십자가를 지셨습니다. 십자가는 우리가 무엇을 해야 하고, 무엇을 하면 안 되는지에 대한 지침이 아닙니다. 또한 십자가를 금욕과 고생의 자리라고 착각해서도 안 됩니다. 예수님의 십자가는 우리의 피 흘리는 구멍 난 실존을 존재와 연결하는 자리이며 그분의 피 흘리심은 하나님과 자기의 뜻을 일치시키기 위한 자기부정의 고통입니다.

십자가는 하나님의 생명 살림의 방식이 적나라하게 나타난 사건입니다. 예수 그리스도는 영원한 존재와 분리된 인간의 실존을 자신의 것으로 짊어지시고, 하나님과 깊은 단절을 경험하셨습니다. "엘리 엘리 라마 사박다니"라는 부르짖음 속에서, 하나님의 사랑은 자기를 포기하는 사랑, 즉 버림받음을 받아들이는 사랑으로 드러납니다. 하나님의 심판과 은혜는 바로 이 절정에서 하나로 만납니다. 하나님은 자기 자신을 부정함으로써 자기를 버린 인간을 긍정합니다. 이 십자가 사건으로 인해 온 피조계가 죄와 사망의 권세에서 해방되었습니다. 예수님의 십자가는 자기를 비워 하나님의 생명에 온전히 일치된 자리이기 때문입니다. 이 십자가에 죽음의 권세를 이기고도 남는 생명의 힘이 있음을 기억하십시오. 생명이 있는 곳에 사망이 물러가고 빛이 있는 곳에 어둠이 물러갑니다. 오직 생명의 근원이신 하나님을 신뢰하며 자기를 초월하고 부정할 때만 우리는 사망의 권세를 이기신 힘을 덧입을 수 있습니다.

하나님과의 일치는 구체적 현실 속에서 자기 몫의 십자가를 지는 삶에서 시작됩니다. 그분의 죽음과 부활 안에는 각자에게 주어진 '몫'이 내포되어 있습니다. 그것은 고유하고 구체적인 존재로 살아가는 우리의 자리, 우리의 선택, 그리고 우리의 내면 깊숙한 책임과도 연결되어 있습니다. 예수께서 지신 십자가에 우리의 십자가를 포개고, 그분의 죽음에 기대어 우리도 함께 죽는 것입니다. 그분의 죽음을 의지하여 우리도 함께 죽고, 그분의 부활에 힘입어 우리도 함께 사는 것입니다. 이 '죽음'은 파괴나 자포자기의 행위가 아닙니다. 십자가는 고독한 자기 파멸이 아니라, 함께하는 죽음이기 때문입니다. 그리스도와 함께 죽는다는 것은, '그분과 함께' 사라지고 다시 일어나는 존재 방식을 선택하는 일입니다.

그분과 함께 십자가에 못 박힐 때, 우리 안에 있는 모든 죄와 죽음의 힘, 우리를 조종하고 억누르던 두려움과 수치, 상실과 절망이 십자가 위에서 효력을 잃습니다. 이 죽음은 단지 어떤 윤리적 상징이 아니라, 존재의 깊은 차원에서 일어나는 구조적 해체와 재형성의 사건입니다. 그러므로 진정한 의미의 십자가에서 '함께 죽음'은 파괴가 아니라, 죄와 죽음의 지배로부터의 해방입니다. 그리고 이 해방은 반드시 은혜와 빛—하나님의 임재로 채워지는 공간으로 이어집니다.

> 기쁜 죽음이 있다.
> 함께 죽음과 함께 살림의 절차.
> 삭제된 줄 알았던 시간의 끝에서
> 출몰하는 잉여.

십자가의 죽음은 끝이 아니라 통과이며, 파멸이 아니라 전환입니다. 그리하여 그 안에는 어둠의 권세를 물리치는 생명의 역설적 능력이 담겨 있습니다. 그러므로 십자가는 단순한 고난이나 윤리적 모범이 아닙니다. 존재의 근원적 전환이 일어난 자리, 죽음 너머의 생명으로 이어지는 창조적 자리입니다. 즉 십자가는 윤리적 교훈을 넘어, 그리스도 안에서만 가능한 무無의 가능성, 곧 철저한 자기비움 안에서 새롭게 생성되는 존재의 재창조를 뜻합니다. 그리스도인의 삶은 바로 이 십자가를 현재화하는 것입니다. 그리스도의 십자가는, 생명이 죽음에 의해 위협받지 않고 오히려 죽음을 통과하여 더 충만하게 되는, 하나님의 승리입니다. 생명이 충만해질수록, 그 충만은 자신을 초월하여 하나 되는 사랑으로 나타납니다. 또한 결정적인 순간에 십자가를 질 수 있으려면, 평소 하나님과의 일치를 향한 내면의 훈련이 필요합니다. 그때 비로소 십자가는 고통의 자리가 아니라, 순종의 기쁨과 자유가 머무는 자리가 됩니다. 우리의 십자가는 하나님의 사랑이 이 세계를 향해 흐르는 통로입니다. 이 사랑은 개인의 내면을 넘어서, 죽음의 권세를 무너뜨리고 새로운 부활의 문화를 창조하는 능력입니다.

존재와 실존의 만남

"십자가에 못 박혀 죽으시고"라는 고백은 신앙의 가장 어두운 장면을 정면으로 응시하게 만든다. 하나님께서 고난을 받으셨고 인간의 손에 의해 죽임을 당하셨다는 이 고백은, 전능하신 하나님에 대한 통념을 전복시키며 십자가 위에 계신 하나님의 원 성품을 드러낸다. 바르트는 『교회 교의학 IV/1』에서 이렇게 진술한다.

> 하나님은 인간 예수의 고난과 죽음 속에서 스스로를 한없이 낮추시는 분으로 드러나셨다. 이 하나님은 또한, 이스라엘 백성에게 의로우신 진노의 형태 안에 사랑을 숨기시면서 진정으로 은혜를 베푸신 바로 그 하나님이시다.[1]

---

1 Barth, Karl. *Church Dogmatics: The Doctrine of Reconciliation. Volume IV, §§57–59.* Edited by G. W. Bromiley and T. F. Torrance. Edinburgh: T&T Clark, 2009, 168.

바르트에게 십자가는 단순한 처형이나 수난이 아니라 하나님

께서 인간의 소외와 죄를 철저히 감당하신 자기비움의 사랑의

절정이다. 십자가는 인간 실존의 어둠 속으로 들어오신 하나님

의 사랑의 극치이며, 인간의 죄와 죽음을 철저히 감당하신 사

랑의 자리이다. 즉 바르트에게 고난받으신 하나님은 단순히 인

간을 대신하여 고통을 감내한 존재가 아니라 그 고통의 현실

안으로 자신을 던지심으로써 인간의 실존을 바꾸신 분이다. 한

편, 틸리히는 십자가를 소외의 정점이자 구속적 수용acceptance

의 상징으로 해석한다. 틸리히는 『조직신학 2권』에서 이렇게

말한다.

예수는 "그리스도"라는 명칭을 받아들이기 위해 죽어

야 했다. 그리고 그를 "그리스도"라 부르는 자는, 다음

-의 역설을 받아들여야 한다. 즉 실존적 소외를 극복하

는 이는 반드시 소외와 그 자기 파괴적 결과에 참여해

야 한다는 것이다. 이것이 복음서의 핵심 이야기다. 가

장 단순하게 표현하면, 인간 예수, 나사렛 사람이 바로

그리스도라는 선언인 것이다.[2]

틸리히에게 십자가는 단순한 고난의 상징이 아니라 소외된 인간이 하나님 안에서 완전히 수용되는 실재적 사건이다. 하나님은 인간 거절의 절정에 자신을 내어주시며, 그 소외의 가장 깊은 곳에서도 인간을 포기하지 않으셨다. 십자가는 소외된 인간 실존을 향한 하나님의 궁극적 긍정과 수용의 선언이다. 죽음을 향해 달려가는 인간은 그 죽음을 진정으로 자각하는 순간에 자기의 존재를 가장 진실하게 경험하게 된다.

예수의 십자가 사건은 이 '죽음의 실존' 속에 하나님이 들어오신 사건이며, 죽음을 넘어 존재의 진정성을 여시는 '사건적 계

---

2 Tillich, Paul. *Systematic Theology, Volume II: Existence and the Christ.* Chicago: University of Chicago Press, 1957, 97.

시'다. 그러므로 "고난을 받으사 십자가에 못 박혀 죽으시고"라
는 고백은, 하나님이 인간의 고통을 멀리서 관찰하신 분이 아
니라 그 고통 한가운데 들어오신 분임을 증언하는 믿음의 선언
이라 할 수 있다. 이 고백은 하나님이 자신의 존재 전체를 인간
을 향해 내어주신 사랑을 보여준다.

OUR
CRE
DO

3장

부활, 승천과 심판 | 새 존재의 계기

요단강을 건넌다는 것은 이 요한으로 상징되는 세
계관에 완전한 죽음을 선고하는 일입니다. 이 도강
(渡江)이야말로 두 베다니를 가르는 완전한 공간
의 전환이었습니다. 생명을 위한 도강을 위해, 나사
로 역시 완전한 죽음을 맞이해야 했습니다. … 죽음
의 방식을 완전히 끊어내고 새로운 생명의 차원을 열
어젖히시는 것, 그것이 부활이 일어나는 방식입니다.

1

부활 - 영원한 생명을 풀어 다니게 하라

멀리서 보면

뚜렷이 감지되는 게 있다.

낙원의 공간과 사망의 공간이다.

낙원에서는 산 자들이 풀어져 걸어 다닌다.

"죽은 자 가운데서 다시 살아나시며"라는 고백은 기독교 신앙의 핵심입니다. 부활은 단순한 삶의 회복이나 환생이 아니라, 죽음이 지배하는 질서 속에 생명의 근원이신 하나님으로부터 전혀 새로운 생명의 질서가 침투한 사건입니다. 그러므로 예수님의 부활을 믿는다는 이 고백은 단지 과거의 기적 현상을 믿는다는 정도가 아닙니다. 그것은 죽음의 절대적 결정권이 무력화되고 하나님 안에서 새롭게 규정된 생명의 현실을 살아간다는 신앙의 선언입니다. 우리는 단지 부활을 생각이나 상상으로 믿는 것이 아니라, 사망과 죽음을 이기시고 부활하신 예수 그리스도의 생명 안에서 우리 또한 다시 새 생명으로 살아가게 되었음을 고백합니다.

예수 그리스도의 부활은 죽음을 향해 달려가던 모든 인간의 실존이 영원한 생명의 존재로 변형되는 문을 열었습니다. 인류가 토대를 둔 기반과 끝이 완전히 달라진 것입니다. 그런 의미에서 성경에는 많은 기적이 있지만, 기적 중의 기적은 예수 부활 사건입니다. 또한 그 부활의 의미를 우리의 삶에서 생생하게 실존적으로 이해할 수 있게 하는 것이 나사로의 부활 사건입니다. 그의 부활은 단순히 육신이 다시 살아나는 일이 아니었습니다. 이 사건은 십자가의 궁극적 의미를 보여주며, 하나님과 사람, 세계가 새롭게 전환하는 방식을 구조적으로 보여줍니다.

부활의 생명이 시간과 공간의 전환을 통해 나타난다는 것에 주목하십시오. 요단강을 사이에 두고 두 개의 '베다니'라는 공간이 나타납니다. 마리아와 마르다 자매가 살던 예루살렘 성 동쪽 감람올리브산 너머에 있는 베다니가 있고, 세례 요한이 예수님께 세례를 주었던 곳으로 알려진 요단강 건너편의 베다니가 있습니다요 1:28. 요단은 이스라엘 백성들이 약속의 땅 가나 안에 들어가기 직전에 건넜던 강입니다. 즉 이전에 살던 방식이 모두 죽고, 오직 하나님의 방식에 순종하는 믿음으로만 건널 수 있었던 강입니다. 따라서 요단은 죽음과 생명의 차원을 가르는 이정표 역할을 합니다. 요단은 두 베다니의 차원을 완전히 가르며, 오직 하나님의 생명으로만 이루어질 수 있는 일이 무엇인지 나타내는 상징 역할을 합니다. 한쪽 베다니는 구약을 상징하는 위대한 선지자 세례 요한이 사람들에게 세례를 주었던 곳입니다. 그러나 또 다른 베다니는 예수님께서 안식하시며 새로운 차원을 기다리는 곳입니다. 세례 요한은 위대한 선지자였습니다. 그러나 놀랍게도, 예수님의 기적은 세례 요한의 베다니에서는 일어나지 않습니다. 마태복음 11장 7절 이하를 보면 세례 요한에 대한 예수님의 일관된 평가를 알 수 있습니다. "너희가 무엇을 보려고 광야에 나갔더냐?" '광야'는 원래 이스라엘 백성에게 '계시'와 '메시아의 구원'이 선포되는 상징적인 장소였습니다. 이때 백성들이 '광야'로 나가서 본 사람은 다른 사람이 아닌 '세례 요한'이었습니다마 3:1,5. 그런데 본문에서 흥미롭게도 예수님은 '누구를 보려고'라고 말씀하지 않고 '무엇을 보려고'라고 질문하십니다. 이는 세례 요한이 단순히 한 인물이 아니라 그가 광야에서 선포하였던 메시지와 그의 삶이 주는 전체적인 본질을 상징한다는 것을 의미합니다. 예수님은 세례 요한과 그와 관련된 사건의 진정한 의미를 무리에게 확실히 제시하기 위해 이와 같은 질문을 던졌던 것입니다. 세례 요한에 대한 예수님의 결론은 다음과 같습니다.

> 내가 진실로 너희에게 말하노니 여자가 낳은 자 중에
>
> 세례 요한보다 큰 이가 일어남이 없도다 그러나 천국에
>
> 서는 극히 작은 자라도 그보다 크니라 마 11:11

최고의 선지자, 세례 요한조차 영원으로부터 온 생명의 일, 십자가를 통과한 생명에 대해 잘 알 수 없었습니다. 그래서 요단강을 건넌다는 것은 이 요한으로 상징되는 세계관에 완전한 죽음을 선고하는 일입니다. 이 도강渡江이야말로 두 베다니를 가르는 완전한 공간의 전환이었습니다. 생명을 위한 도강을 위해, 나사로 역시 완전한 죽음을 맞이해야 했습니다. 예수님께서 사랑하시는 나사로가 병들었습니다. 병세가 너무 심각한 나머지 며칠 안에 죽을 조짐이 보였습니다. 나사로의 누이인 마르다와 마리아는 사람을 보내 예수님께 빨리 오시라 요청했습니다. 그

런데 이상하게도 예수님은 아무 조치도 취하지 않으시고, 가만히 머물러 계십니다. 마치 나사로가 죽기를 기다리는 것처럼 말입니다. 정말 나사로를 사랑하신 것이 맞을까요? 이것은 문제를 빠르게 해결해 주고 싶어 하는 우리의 사랑과는 많은 차이가 있습니다. 우리는 어떻게든 삶의 구멍을 메워주고, 빈자리를 채워주어야 사랑이라고 생각합니다. 그런데 임계점에 다다르면 예전의 방식이 통하지 않을 때가 있습니다. 예수님은 "이제는 더 이상 그런 방식으로 살 수가 없다."라고 선고하십니다. 이편과 저편의 베다니를 가르고 기존의 세계가 완전히 종말을 맞이할 때까지 기다리시며 우리를 전혀 다른 새로운 생명의 차원으로 초대하고 계십니다. 죽음의 방식을 완전히 끊어내고 새로운 생명의 차원을 열어젖히시는 것, 그것이 부활이 일어나는 방식입니다.

우리는 때로 새사람을 옛사람의 가장 좋은 모습 정도로 생각합니다. 그러나 옛사람의 방식으로는 새사람을 결코 알 수 없습니다. 요단강을 건너듯, 이편과 저편이 완전히 갈라져야 합니다. 예수님의 제자들은 이 이치를 이해할 수 없었습니다. 예수님은 제자들에게 "우리 친구 나사로가 잠들었도다. 그러나 내가 깨우러 간다."라고 말씀하십니다요 11:11. 죽음조차도 예수님께는 잠든 차원의 일이라는 뜻이었습니다. 그러자 제자들은 "주여, 잠들었으면 낫겠나이다."라고 말합니다. 당시의 상황으로 나사로가 있는 곳으로 가려면 유대인들의 많은 핍박과 협박을 감수해야 했습니다. 제자들은 나사로가 잠든 정도라면 굳이 위험을 무릅쓰고 가고 싶지 않았습니다. 그러자 예수님은 그 속셈을 아시고 단호하게 말씀하십니다. "나사로는 죽었다." 그것은 제자들에게 큰 충격을 주었습니다. 혹시라도 살아날지 모른다고 생각하는 모든 가능성을 완전히 차단해 버리신 것입니다. 예수님은 새로운 생명의 일을 위해 죽음의 본질이 정확히 드러나도록 내버려두십니다. 이것은 나사로 개인의 문제가 아니라 온 인류의 목숨이 달린 이야기, 즉 영원한 생명에 관한 이야기입니다. 온전히 죽어야 온전히 살아날 수 있기에, 예수님은 "죽어야 한다. 내가 다시 살릴 것이기 때문이다."라고 말씀하십니다.

어떤 죽음과 고난은 하나님께 영광이 됩니다. 그런 의미에서 나사로는 그저 병든 자가 아닙니다. 그의 병과 죽음은 하나님께 영광을 돌리는 생명의 사건이 됩니다. 그런데 성경은 처음부터 이 결말에 관해 이야기하면서 막연한 희망을 제공하지 않습니다. 처음에 나사로는 그저 병든 자로 나타납니다요 11:1. 그러다가 점진적으로 "마리아와 그 자매 마르다가 사는 마을, 베다니에 사는 나사로"라고 밝힙니다. 그의 병이 중요한 것이 아니라, 그가 어떤 관계 속에서 병들었는지가 중요하기 때문입니다. 부활 사건은 갑자기 하늘에서 뚝 떨어진 일이 아니라 구체적인 생명 관계성 안에 자기 정체성을 가진 이들에게 나타납니다. 이 관계성이 나사로의 부활 사건을 대변합니다. 마르다와 마리아는 예수님께 "주여, 보시옵소서. 사랑하는 자가 병들었습니다."라고 말합니다. 나사로는 그저 병자가 아니라 예수님께서 '사랑하시는' 자이며, 예수님과 제자들을 섬긴 마리아와 마르다의 오라버니입니다. 이 생명 망網 안에서 서로 신뢰하고 사랑하고 헌신하는 관계 속에 있는 나사로, 그가 병들었다가 부활했다는 것이 성경의 초점입니다. 이 관계성 때문에 나사로의 고난과 병, 그리고 죽음까지도 하나님께 영광이 될 수 있었습니다.

나사로의 병이 영광이 되기까지, 그 사이에는 역설적으로 완전한 죽음이 필요했습니다. 예수님은 죽음이 무르익도록 기다리셨습니다. 그저 방관하셨던 것이 아닙니다. 안타까운 마음으로 때를 기다리셨습니다. 육의 생명으로는 영원한 생명을 알 수가 없습니다. 사망의 방식으로는 아무리 해도 생명에 도달할 수 없습니다. 예수님은 기다리셨습니다. 나사로의 몸에 죽음이 완전히 각인될 때까지 말입니다. 죽음에 매인 옛사람의 굴레에서 나사로는 결코 살아날 수 없었습니다. 나사로의 죽음과 부활은 그저 개인적인 기적이 아닙니다. 온 피조계가 사망의 법에서 해방되고, 영원으로부터 온 생명으로 구원받게 되는 예수 부활의 신호탄이었습니다.

희망은 보이지 않고 현실은 사망에 삼켜진 것 같지만, 믿음으로 바라보는 자들은 생명의 기적을 보게 됩니다. 사람들은 기적이 일어나면 그 결과를 보고 믿겠다고 합니다. 그러나 성경의 방식은 그 반대입니다. 나사로의 무덤에 가신 예수님은 무덤의 돌을 치우라고 말씀하십니다. 마르다는 이 말씀이 이해되지 않습니다. "죽은 지 이미 사흘이나 되어서 시체에서 썩은 냄새가 납니다."라고 반박했습니다요 11:39. 그러자 죽은 지 사흘이나 된 시체 앞에서 예수님께서 말씀하십니다.

> 나는 부활이요 생명이니 나를 믿는 자는 죽어도 살겠
> 고 요 11:25

진리 앞에서 사람들은 매우 구체적인 도전을 받습니다. 자기의 고정관념과 굳은 세계관이 깨지는 것을 믿음으로 버텨내야 합니다. 그러는 가운데 견고한 믿음이 삶에 각인되며 삶이 새롭게 됩니다. 진리 위에 굳게 서십시오. 가장 믿기 어려울 때, 말씀에 순종하여 무덤의 돌을 옮기십시오. 생명은 이렇게 몸수고를 직접 행하며 우리 안에서 각인되고 육화됩니다. 가만히 앉아서 구경하는 것만으로는 생명의 기적에 참여할 수가 없습니다. 무덤의 돌을 치우십시오. 아직 포도주로 변하지 않았지만, 물동이에 물을 채우십시오. 물이 범람하고 있지만, 요단강에 발을 디디십시오. 영원한 생명이 믿음을 통해 시간을 뚫고 도래하고 있습니다.

마침내 예수님께서 명령하십니다. "나사로야, 나오너라!" 이 말

씀이 떨어지는 순간을 거룩한 상상력을 통해 떠올려 보십시오. '나사로'의 자리에 우리의 이름을 넣어보아도 좋습니다. 우리가 애타게 기도하는 사람, 병이 낫기를 간구하는 사람, 고난 중에 있는 사람의 이름을 넣어 불러보아도 좋습니다. 이미 시체 썩는 냄새가 나는 사람, 모두가 포기하는 상황일 수도 있습니다. 모두가 틀렸다고, 죽은 지 사흘이나 되었다며 고개를 젓는 일일 수도 있습니다. 그러나 예수님께서 명령하실 때, 죽어있던 나사로가 무덤에서 일어났습니다. 무엇이 사망으로 결박된 나사로를 무덤 밖으로 끌어냈을까요? 무엇이 그를 사망으로부터 일어나 예수님께로 걸어오게 했을까요? 나사로 스스로 걸어 나온 것일까요? 아닙니다. 예수님이 말씀하시는 순간, 사망 권세를 이기는 생명의 강한 능력과 권세가 그를 견인했습니다. 마치 거대한 자석처럼 생명의 말씀이 그를 끌어당겼습니다. 나사로가 죽음의 권세에서 풀려난 것입니다! 병들었던 육신으로 회귀한 것이 아니라, 은총과 생명으로 새롭게 몸을 입은 나사로가 걸어 다니기 시작했습니다. 이제 나사로 안에서 활동하며 움직이는 것은 육신이 아니라 하늘로부터 온 영원한 생명입니다.

베를 풀고

영생이 걸어 다니게 하라.

나사로의 부활로 인해 죽음의 권세에 묶인 피조계가 생명의 희망을 보았습니다. 이 사건은 하나님과 온 세계가 새롭게 관계하는 방식, 영원한 생명으로부터 창조된 몸이 역사 속에서 살아 움직이는 방식을 드러냈습니다. 부활 이전에 나사로의 몸은 하나님 없이 세계와 관계하던 몸, 사망의 법에 묶여 있었던 한계 있는 몸이었습니다. 그것은 세례 요한의 세계에서 살아가는 방식의 몸이었습니다. 그 몸으로는 영원한 생명을 담지할 수 없기에, 나사로는 죽음을 도강해야 했습니다. 예수님께서 나사로를 죽음 가운데서 불러내시자, 생명력이 풀려 다니게 되었습니다. 그 몸은 은총과 생명으로 활동하시는 하나님 안에서 새로운 생명의 법으로 움직이는 몸입니다. 이제 나사로의 몸은 단순한 개체가 아닙니다. 그의 몸은 육신의 한계와 세계에 갇혀 있지 않습니다. 부활한 나사로의 몸은 진정한 생명, 그리고 하늘나라와 연결되어 있으며, 예수님 안에서 생명을 입은 모든 피조물과 연결되어 있습니다. 그래서 나사로의 부활한 몸은 모든 생명을 품으실 예수 그리스도의 십자가를 예비하는 희망이 되었습니다.

오늘날, 이 세계는 죽음의 문화 가운데에 놓여 있습니다. 우리도 그 한복판에서 죽음의 방식에 물들어 있으며, 익숙함과 편안함을 느끼며 살아가고 있습니다. 그러나 어느 날 이 세계에 드리워진 사망의 운명과 굴레를 목도하게 될 때 그곳에서 비통해하시는 예수님의 눈물을 발견하십시오. 강을 건너야 한다고, 옛 방식으로는 되지 않는다고 말씀하시고 또 말씀하시는 그분의 절절한 사랑을 느끼십시오. 그 사랑과 함께 이전의 모든 방식에서 돌아서십시오. 예수님 안에서 죽음은 더 이상 죽음이 아닙니다. 예수님께서는 죽음이라는 텅 빈 공허 안에서 새로운 창조의 생명을 보셨습니다. "나사로야, 나오너라! 그를 풀어 다니게 하여라."라는 예수님의 음성을 들으십시오. 죽음조차 끊을 수 없는 영원한 생명이 세계 안에서 활동하는 것을 믿음으로 목도하십시오. 나사로의 부활은 예수 생명을 받은 우리에게, 그리고 그분 안에 있는 만물에 일어나는 일입니다. 이것은 한 알의 밀알이 땅에 떨어져 죽으면 많은 열매를 맺듯이, 모든 피조 세계가 새로운 창조로 나아가기를 원하시는 하나님의 밀알 계획과 같습니다. 온전히 죽어서 온전히 사는 그분의 놀라운 계획은 마침내 십자가에서 정점을 이루었습니다. 모든 존재 자체를 완전히 인수하고, 생명의 용광로 안에서 온전히 새롭게 꽃을 피워 낸 것입니다.

존재와 실존의 만남

부활은 인간의 인식이나 역사적 경험을 넘어서는 하나님께서 자유롭고 새롭게 여시는 창조적 사건이다. 바르트는 『교회 교의학 IV/2』에서 부활을 이렇게 설명한다.

> 부활 사건은 육신 안에 있던 말씀이 하나님의 자비와
> 권능, 신실함과 의로움 안에서 빛으로 드러난 사건이다.
> 이 사건을 통해 말씀은 인간에게 직접 전해지는 힘 있
> 는 말씀으로 나타나게 되었다.[1]

바르트에게 부활은 단순히 죽음을 넘어선 것이 아니라, 인간 존재의 구조 자체를 완전히 새롭게 열어젖히는 가능성, 말씀이 하나님의 권능으로 각 사람에게 임하는 사건이다. 부활은 감추어졌던 말씀이 하나님의 자비와 권능 속에서 드러나는 계시 사

---

1 Barth, Karl. *Church Dogmatics: The Doctrine of Reconciliation. Volume IV. §64.* Edited by G. W. Bromiley and T. F. Torrance. Edinburgh: T&T Clark, 2009, 148.

건이며, 이 사건을 통해 말씀은 더 이상 침묵하거나 간접적인 것이 아니라 인간 존재를 직접적으로 변화시키는 실재로 임하게 되었다. 즉, 부활은 단순한 기적이 아니라 말씀의 실존이 능력으로 전환되는 순간이다. 그리스도 안에 감추어졌던 하나님의 성품—자비, 신실함, 의로움—이 빛처럼 드러나며, 그 말씀이 인간 안으로 침투하여 생명력 있는 실체로 작동하게 된다는 것이다. 바르트에게 부활은 계시의 완성이자, 하나님이 단지 말씀하시는 분이 아니라 말씀이 되어 오신 분임을 확증하는 사건이다. 이것은 인간의 내면 경험이 아니라 객관적 현실로부터 온 초월적 실존의 선포이며, 인간은 이 말씀 앞에서 듣고 응답해야 하는 존재가 된다.

한편, 틸리히는 부활을 죽음에 맞선 자의 승리로 새 존재가 출현한 것으로 해석한다. 그는 『조직신학 2권』에서 부활을 다음과 같이 설명한다.

신앙은 실존적 소외의 파괴적 결과를 이긴 새로운 존재
의 힘에 사로잡히는 경험을 토대로 한다. 이 경험을 통
해 실존적 죽음을 이긴 승리에 대한 확신이 생기고, 바
로 이 확신이 그리스도의 부활을 사건이자 상징으로 확
신하게 만든다.[2]

틸리히에게 부활은 단순히 육체적 생명 회복이 아니라, 소외를
극복한 새 존재의 출현을 의미한다. 이 출현은 단순히 죽음을
넘어서는 것만이 아니라, 죽음과 소외를 포함하여 존재를 새롭
게 긍정하는 사건이다. 부활은 죽음을 부정하는 것이 아니라,
죽음을 온전히 관통하여 승리로 살아내는 존재의 힘이다. 그러
므로 "죽은 자 가운데서 다시 살아나시며"라는 고백은 존재를
새롭게 하는 긍정이며, 죽음과 소외를 넘어 새로운 존재의 가
능성이 이미 열렸다는 희망의 선언이다.

---

2 Tillich, Paul. *Systematic Theology, Volume II: Existence and the Christ.*
Chicago: University of Chicago Press, 1957, 155.

구름은 하나님의 부재가 아니라 침묵을 동반한 차
원 다른 임재입니다. 그분은 불확실성 속에 우리를 내
버려두신 것이 아니라, 안다는 생각과 경험을 포착하
여 미래를 소유하려는 우리의 눈을 가림으로써, 지
금 여기에서 언약의 실현을 기다리게 하셨습니다.

2

승천 - 무지의 구름 사이로

눈에 보인다고 다 믿지 말 것.

네가 생각하지 못하는 곳에 그는 있다.

복음서는 하늘에서 내려오신 하나님의 이야기입니다. 하늘로
부터 성육신하신 하나님의 이야기는 하늘로 오르신 예수님의
이야기로 완성됩니다. 신약에서는 예수님이 세례를 받으실 때,
하늘이 열리며 성령이 내려오시고, 구약에서는 하나님께서 보
내신 천사들이 내려오기도 합니다. 반면 유독 사도신경은 예수
님께서 하늘에 오르시는 사건을 고백하고 있습니다. 이 사건은
사도신경 전문소文의 정중앙에 위치합니다. 하나님의 아들 예수
그리스도가 이 땅에 오셨다가 하늘에 오르신 이 사건으로 인
해, 하늘과 땅이 연결될 수 있는 접속면이 놓였습니다.

예수님께서 하늘로 올라가신 후 성령이 땅에 임하셨습니다. 그

리고 예수님은 재림하실 것을 약속하셨습니다. 그때 모든 성도는 새 하늘과 새 땅을 향해 승천하게 됩니다. 예수님께서 하늘로 올라가신 사건으로 인해, 하늘과 땅이 소통할 수 있는 발판이 놓인 것입니다. "하늘에 오르사"라는 구절이 신앙고백의 가장 가운데에 다리처럼 놓인 것은 결코 우연이 아닙니다. 이 일로 성령께서 성도들에게 임하셨습니다. 그리고 성령을 통해 사도들은 사도신경이라는 신앙고백을 하게 되었습니다. 사도신경은 예수님께서 하늘에 오르신 이 사건으로 탄생한 믿음의 고백입니다.

이 구절은 대단히 다채롭고 깊이 있는 차원을 갖고 있습니다. 예수님의 승천은 한 유대인 남자가 구름 너머의 공간으로 사라진 사건이 아닙니다. 이 사도신경의 고백을 받아들이려면 믿음의 눈이 필요합니다. 믿음은 보이지 않는 실상의 세계를 보는 능력이기에 이 구절을 느끼려면 거룩한 상상력이 필요합니다. 이 상상력은 생각 속에서 스스로 만들어 내는 이미지가 아니라 하나님께서 약속하신 언약 안에서 믿음의 눈으로 보는 힘입니다.

누가복음 24장 50~53절, 마가복음 16장 19~20절은 예수님의 승천 사건을 '하늘에 올려지셨다'라는 수동형으로 표현합니다. 승천은 예수님의 의지라기보다, 하늘과 땅의 때가 찼기에 이루어진 사건이기 때문입니다. 하늘의 시간인 영원과 지상의 시간이 서로 만난 순간입니다. 예수님의 몸이 하늘로 올라가실 때, 그분의 몸은 지상의 시간과 하늘의 뜻이 만나는 곳에 있었습니다. 때가 이르자 중력과 땅의 법칙에 순종할 수밖에 없었던 몸이 자유로워져, 하늘과 만나게 되었습니다. 믿음의 분량이 찬다는 것은 이렇게 때가 차는 것과 맞물려 있습니다.

그러나 그날이 올 때는 아무도 모릅니다마 24:36, 막 13:32. 우리의 생각으로는 하늘의 시간을 다 이해할 수 없습니다. 부활의 몸은 영원의 시간 속에서 다시 태어난 새로운 생명의 시간의 종합이기 때문입니다. 우리는 이 땅에서 살아가기에 합당한 몸을 입고 있지만, 그날이 되면 부활의 삶을 누리기에 합당한 몸이 주어질 것입니다. 그래서 누가복음과 마가복음은 예수님의 승천 사건을 수동형으로 기록하고 있습니다. '때가 차자' 그는 주어진 부활의 몸을 입고 하늘로 올려지셨습니다.

하늘에 오른 후 예수님은 하나님의 우편에 앉아 계셨습니다. 베드로전서 3장 22절은 예수님께서 하나님의 우편에 계시니, 천사들과 권세와 능력들이 순복하였다고 말하고 있습니다. 하나님의 영광 가운데 계신 것이지요. 스데반이 순교할 때 본 장면이 바로 이 실상의 세계였습니다 행 7:55. 그는 하늘이 열려, 새 하늘과 새 땅 가운데에 계신 예수님을 영혼의 눈으로 보았습니다. 예수님께서 승천하셨을 때, 제자들도 그 기쁨을 함께 누렸으며 그 영광의 모습은 제자들에게 큰 위로와 기쁨을 주었습니다. 예수님께서 가신 곳은 우리가 언젠가 가게 될 본향, 그분께서 우리의 영원한 집을 마련해 놓겠다고 약속하신 곳입니다. 이 땅에 속한 중력에 갇힌 한계와 사망의 법칙을 벗어나 머물 수 있는 곳이 있다는 것을 예수님께서 친히 보여주셨습니다. 이렇게 하여 하늘과 땅을 잇는 교두보가 탄생하였습니다.

그러나 모든 땅의 시간과 중력을 초월한 승천 사건을 눈으로 목도했음에도 불구하고, 제자들의 초점은 여전히 땅의 일에 머물고 있었습니다. 예수님께서 승천하시기 전에 제자들은 예수님께 질문합니다. "이스라엘 나라를 회복하실 때가 지금인가요?"라고 말이지요행 1:6. 세상 가운데 살고 있기 때문에 세상의 일에 관심을 두는 것은 어쩌면 당연한 일이라 할 수 있습니다. 하지만 땅의 시각으로는 입체적인 차원의 전체를 볼 수 없고 왜곡되거나 부분적인 시선으로 묶입니다. 그래서 세상의 일을 고민할 때도 하늘의 시선과 능력이 필요합니다. 이런 이유로 예수님은 제자들에게 "그것은 너희가 알 바가 아니라 하나님께서 하실 일이다. 너희에게 중요한 것은 성령을 받는 것인데, 너희에게 능력이 임하면 하늘의 뜻과 마음을 가지고 세상에 나아가는 증인이 될 것이다."라고 말씀하십니다행 1:7~8. 이 말씀을 하시고 예수님이 하늘에 올라가셨습니다. 그때, 하늘에서 무슨 일이 벌어지고 있는지 알 수 있었다면 제자들의 마음이 얼마나 놓였을까요? 예수님이 하늘 보좌에 앉아 계신 모습이나 이스라엘이 로마에서 해방되는 환상 등이 보였다면 제자들의 마음에는 더 큰 확신이 생겼을 것입니다. 그러나 무정하게도 구름이 예수님을 덮어 보이지 않게 되었습니다.

제자들이 마지막으로 본 것은 구름입니다. 그러나 예수님을 덮은 구름은 결코 실망이나 불확실성의 상징이 아닙니다. 오히려 그것은 하늘과 땅이 맞닿는 지점에서 하나님께서 주신 신비의 장막입니다. 우리는 본능적으로 '알아야' 안심합니다. 미래를 예측하고, 끝을 계산하며, 정해진 시나리오 속에 삶이 정렬될 때 안정감을 느낍니다. 그러나 하나님께서 인류의 시간 속에 개입하신 중대한 순간에 하신 일은, 오히려 육신의 시야를 가리는 일, 하늘을 구름으로 덮는 것이었습니다.

> 구름이 주는 알 수 없는 안도.
> 잡히지 않는 존재의 쓸쓸함.
> 방금 본 영광을 내려놓고
> 다시 언약의 씨름으로 돌아가는 일.

구름은 하나님의 부재가 아니라 침묵을 동반한 차원 다른 임재입니다. 그분은 불확실성 속에 우리를 내버려두신 것이 아니라, 안다는 생각과 경험을 포착하여 미래를 소유하려는 우리의 눈을 가림으로써, 지금 여기에서 언약의 실현을 기다리게 하셨습니다. 제자들이 눈으로 보고 의지해 왔던 지식과 경험, 계획과 예측은 구름 뒤로 사라지고, 남은 것은 약속하신 곳에 가서 기도하며 예수 그리스도의 새로운 방식의 임재를 기다리는 일입니다. 바로 그 지점이, 인간이 가장 안전하게 놓이는 자리입니다. 우리가 알지 못함에도 평강할 수 있는 이유는, 그 구름 뒤에 오실 이가 누구신지 알기 때문입니다. 미래의 영이신 성령이 내주하여 우리의 삶이 온전히 붙들려 있다는 믿음, 그 신뢰가 주는 평강은, 눈으로 보고 확인하는 어떤 믿음보다 더 깊고 확실합니다.

우리의 시간과 앞날이 주님의 계획 안에 있지만, 구름에 가린 것처럼 형태를 예측할 수 없습니다. 마치 믿음의 조상 아브라함에게 '보여줄' 땅으로 가라고 하신 것처럼, 매 순간 하나님과의 관계 안에 있을 때만, 깨닫게 되는 사랑의 미래입니다. 우리에게는 하늘의 비밀을 내 계획대로 통제하고 싶어 하는 죄의 본성이 있습니다. 계산 가능한 형태로 하늘의 뜻을 한정할 때, 우리는 하나님의 지혜에 참여하기 어려워집니다. 제자들은 예수님이 승천하신 곳을 바라보며 마냥 서 있을 수밖에 없었습니다. 아직도 자신들이 보고 싶은 어떤 것을 기다리며 서 있었던 것이지요. 그러나 이 죄의 본성이 가려지고 신뢰와 소망으로 무지의 구름 앞에 설 때, 비로소 우리는 온전히 기도하게 됩니다.

아니, 기도하면서 그분께 물을 수밖에 없습니다. 때로 다 알지 않아도 된다는 것이 얼마나 다행인지요. 때로는 우회로인 것 같지만 겪으면서 아는 일들이 있습니다. 중요한 것은 그 여정에 매 순간 성령이 동행하시며 길을 알려주신다는 것입니다.

하나님께서 침묵하시는 것과 같이 구름이 우리의 시야를 가리고 있을 때, 기도의 자리로 나아가십시오. 성령의 음성을 듣는 자리로 나아가십시오. 그 자리는 무언가를 납득해서 가는 자리가 아니라, 도무지 알 수 없는 순간에도 믿음으로 순종하며 가는 자리입니다. 우리가 비록 알지 못해서 행할 수 없어도 하나님은 주권적으로 당신의 일을 행하고 계십니다. 그리고 성령께서 오시면 세상의 논리를 넘어서는 하나님의 역설을 알아보게 됩니다. 하나님의 계획으로 시선을 돌리고 다시 돌아와 땅의 일을 보게 됩니다. 이 시선이 없다면 하나님의 아들이 더럽고 천한 구유에 오셨다는 것을 이해할 수 없을 것입니다. 가장 위대한 존재가 가장 천한 곳에 담기는 역설이 하나님의 계획 안에서 일어났습니다. 이 역설을 이해하려면 천하고 귀한 것을 가르는 우리의 관점을 회개해야 합니다. 하나님은 매 순간 우리가 가진 사고방식과 쌓인 경험을 뒤엎고, 끊임없이 새로운 가능성을 우리에게 보여주십니다.

믿음은 구름에 가려 아무것도 보이지 않는 순간에도, 약속의 언약을 붙들고 기다리는 능력입니다. 매 순간 자기 확신을 꺾으면서 그 언약을 이루시는 하나님의 타이밍과 방식을 새롭게 들어야 합니다. 매 순간 그 안에 머무십시오. 죽음의 자리를 구원의 자리로 바꾸시며, 불모와 고통의 자리를 생명의 모태로 옮기시는 것을 목도하게 될 것입니다. 이것을 볼 수 있는 눈이, 믿음의 눈입니다. 현상적으로는 아무것도 달라진 것이 없어 보이더라도 믿음의 눈이 뜨인다면 하나님께서 이루실 일들이 실상으로 다가올 것입니다. 그래서 예수님께서는 "보지 않고 믿는 자는 복되다."요 20:29라고 말씀하십니다.

제자들이 마침내 성령을 받은 자리가 이 구름의 자리였습니다. 아무것도 보이지 않고, 알 수 없어도 그렇기에 더 간절히 약속하신 언약을 붙들 수밖에 없는 자리가 성령이 임하시는 곳입니다. 이 구름은 하나님의 부재가 아니라, 차원을 달리한 임재의 방식, 즉 인간의 인식과 경험을 넘어서는 하나님의 임재를 보여줍니다. 예수님의 승천 후 구름은 제자들의 눈을 가리며, 인간의 지식과 경험의 한계를 넘어서야 함을 알려줍니다. 더 이상 눈에 보이는 예수님, 즉 내가 알고 체험하고 만졌던 과거의 방식으로 의존하던 신앙이 아니라, 성령을 통한 새로운 신뢰를 요구하는 자리로 인도합니다. 전적으로 하나님께 자신을 맡기는 '하늘로부터의 높임'의 길이자, 구름이 존재하는 실존적 불안과 부정성을 제거하려 하지 않고, 그 안에서도 하나님과의 일치를 유지하는 깊은 신뢰의 길을 요구합니다.

존재와 실존의 만남

누가복음과 마가복음은 예수님의 승천을 모두 수동형으로 묘사한다. 이때 예수님의 몸은 단순히 '물리적으로 상승'한 것이 아니라 하늘과 땅 사이, 시간과 영원의 경계선에 서서 새로운 차원으로 들어간 것이다. 바르트에게 승천은 '하나님으로부터 높임을 받는' 사건이다. 예수 그리스도는 스스로의 힘으로 높아진 것이 아니다. 오히려 하나님께서 친히 그를 '높이심'으로써, 하나님과 인간 사이의 참된 사귐을 성취한 새로운 존재가 되신다. 하나님과 인간의 화해는 전적으로 위로부터 아래로, 하나님께서 인간에게로 내려오시는 철저한 주도 속에서 이루어진다. 이 관점에서 본다면, 예수님의 승천 또한 인간적 의지나 공로가 아니라 하나님 자신의 영원한 계획과 시간의 충만에 의해 이루어진 사건이다. 예수님은 인간으로서 최종까지 땅의 법칙에 순종하셨지만, 때가 이르자 하나님에 의해 '올려지셨다.'

> 하나님께서 자신을 낮추어 인간이 되셨기에, 그분은 단
>
> 순히 하나님이시거나 하나님과 같은 분이 아니라, '하

나님으로부터 높임을 받으신 분'이 되신다. 인간의 입장에서 보면, 그는 인간과 동일한 존재는 아니지만, 인간과 참된 사귐 안에 계시며, 이 높임과 사귐 속에서 '새로운 인간'이 되신다. 화해의 사건은 철저하게 위로부터 아래로, 곧 하나님께서 인간에게로 내려오시는 움직임이라는 점에서 참으로 그러하다.[1]

한편, 틸리히에게 승천은 실존적 소외를 초월하는 새로운 존재의 실현이다. 틸리히에게 예수 그리스도 안에서 드러난 새로운 존재는 유혹도, 투쟁도, 삶의 모호함도 없는 무감각한 신적 존재가 아니다. 오히려 실존적 소외와 부정성 속을 통과하며 그 부정성을 제거하지 않고 수용하면서 초월하는 인격적 삶이다. 예수님의 승천은 이 새로운 존재의 최종적 실현이다. 그분은

---

1 Barth, Karl. *Church Dogmatics, Volume IV: The Doctrine of Reconciliation, §64.* Edited by G. W. Bromiley and T. F. Torrance. Edinburgh: T&T Clark, 2009, 4.

땅의 부정성과 모호함, 죽음과 소외를 피하지 않고 모두 수용하셨다. 또한 그러면서도 수용에만 머물지 않고, 하나님과의 영원한 일치 속에서 그 부정성을 초월하셨다.

이것이 바로 '그리스도이신 예수' 안에 드러난 새로운 존재의 모습이다. 그것은 유혹도, 투쟁도, 삶의 모호함도 없는 신적 자동인형의 모습이 아니다. 오히려 이는 실존적 소외가 야기하는 모든 결과에 철저히 노출된 인격적 삶의 모습이지만, 그 소외를 이겨내고 하나님과의 영원한 일치를 유지하는 삶이다. 그는 실존의 부정성을 제거하지 않고도 그것을 하나님과의 일치 안에 수용하셨다. 그리고 그 일치의 힘으로 그 부정성을 초월하셨다.[2]

---

2 Tillich, Paul. *Systematic Theology, Volume II: Existence and the Christ.* Chicago: University of Chicago Press, 1957, 134-135.

따라서 틸리히에게 예수님의 승천은 실존적 소외를 이겨낸 인격적 존재가 영원한 일치 안에서 새로운 차원으로 들어가는 사건이다. 이 사건은 인간의 시간과 영원의 시간이 만나는 자리, 실존적 소외를 수용하면서도 초월하는 자리, 인간적 이해를 넘어서는 하나님의 신비를 신뢰하는 자리로 우리를 인도한다.

심판은 이렇게 우리의 실상을 적나라하게 드러냅니다. 그 악하고 참담한 악의 실상을 직면하는 것이 우리가 깨어날 계기가 됩니다. 심판이 있기 전에는 적당한 쾌락과 양심이 세상의 실상을 감추고 있습니다. 분명 무언가 잘못되고 있다는 생각이 들지만, 잠깐의 위안으로 인해 곧 희미해집니다. 그러나 심판이 올 때는 돌이키지 않고 있었던 죄와 세상의 악한 본질이 모두 드러납니다.

3

심판 - 악의 종말과 본질을 직면하는 은총

나의 구원의 위치는 심판의 뒤에 자리한다.

살려면 무엇이 죽었는지를 직면해야 한다.

심판의 뒤에 숨은 신의 얼굴을 확인해야 한다.

구원은 기독교의 핵심으로서, 복음을 듣고 믿는 자마다 구원을 주시는 하나님의 사랑에 기반합니다. 그러나 우리는 구원이라는 단어가 너무 친숙한 나머지 본디 가진 충격적이고 감격스러운 의미를 깨닫지 못합니다. 늘 마시는 물이나 공기처럼 일상적이고 당연하게 여깁니다. 그러나 히브리서 10장 12~14절은 구원에 대해 놀라운 이야기를 들려줍니다. 그것은 바로 구세주가 하시는 일입니다. "오직 그리스도는 죄를 위하여 한 영원한 제사를 드리시고 하나님 우편에 앉으사 그 후에 자기 원수들을 자기 발등상이 되게 하실 때까지 기다리시나니 그가 거룩하게 된 자들을 한 번의 제사로 영원히 온전하게 하셨느니라" 우리가 예수님께로 나아갈 때 하나님 우편에 앉아 계신 예수님을 볼 것입니다. 그분은 그곳에서 원수들을 발등상이 되게 하시고, 구원받은 자들에게 상을 주십니다. 이것이 바로 심판입니다. 심판이야말로 바로 구원과 가장 밀접하게 연결되어 있습니다. 심판은 인간 존재가 삶의 왜곡을 직면하고, 새 존재로 부름을 받는 실존적 사건입니다.

> 심판은 단순한 형벌이나
>
> 나와 거리가 먼 나라의 이야기가 아니라,
>
> 존재의 부르심으로부터 폭로되는 어둠의 해체 과정을
>
> 직면하는 실존적 경험이다.

사도신경 역시 '심판하러 오실 것'에 대해 고백합니다. 이때의 심판은 구원의 의미를 명확하게 밝혀주는 일을 합니다. 겉으로 보기에 두 단어는 완전히 상반된 의미를 지닌 것처럼 느껴집니다. 우리가 심판에 대해 가지고 있는 고정관념 때문입니다. 고대의 신화적인 상상력을 동원하면 심판은 곧바로 지옥의 불못에 떨어진다든가, 커다란 바늘침에 찔려서 영원한 고통을 당하는 모습이 상상됩니다. 그렇다면 신앙생활을 성실히 하여 이런 끔찍한 고통에서 구출을 받는 것이 구원일까요? 실제로 많은 이들이 구원과 심판을 인과응보의 논리로 상상하고는 합니다. 그러나 이것은 구원에 대한 진정한 의미가 아니며, 기독교가 말하는 심판의 의미도 아닙니다.

사도들은 심판이 곧 구원임을 고백하고 있습니다. 즉 심판을 피하는 것이 구원이 아니라, 심판 자체가 하나님의 구원이라는 것입니다. 사도들이 "심판하러 오시리라."라고 고백하는 것은 하나님의 보복이 아니라 구원의 선포입니다. 심판은 존재 망각의 형벌 속에 있던 인간이, 은혜로 말미암아 그 망각의 본질인 죄와 사망의 세계와 고통에 대해 직면하고 돌아서게 되는 은총입니다. 우리는 그 단서를 출애굽기에서 찾아볼 수 있습니다. 이집트의 왕 바로는 매우 완악하여 이스라엘 백성들을 노예 생활에서 절대 놓아주지 않습니다. 여기에 대해 성경은 하나님께서 바로가 완악하도록 내버려두셨다고 말합니다출 4:21. 하나님은 바로에게 아홉 번이나 되는 재앙 동안 계속 권능을 보이시며 모세를 통해 말씀을 전했지만, 바로는 돌이키고 회개하지 않았습니다. 하나님은 바로가 원래 살던 대로 존재의 망각과 악의 탐욕 속에서 살도록, 우상을 섬기고 죄와 허물이 가득한 세상에서 관성대로 살도록 내버려두셨습니다. 바로가 하나님께 돌이키도록 애쓰시는 것을 그만두고, 바로가 원하는대로 살도록 내버려두셨으며, 그에 상응하는 결과대로 어둠의 속성 속에서 자멸하는 결과를 맞도록 두셨다는 것입니다.

진정으로 두려운 심판은 이처럼 하나님께서 그분의 임재를 거두고 떠나시는 일입니다. 더 이상 진정한 자기 자신으로 돌아설 기회를 주시지 않고 죽음과 사망의 법 아래 살도록 버려두는 것입니다. 요한계시록에서도 이러한 심판에 관한 이야기가 나옵니다. 하나님께서는 음녀를 침상에 던져서 마음껏 간음하도록 내버려두셨습니다계 2:21~23. 하나님을 두기 싫어하는 악이 완전히 무르익었을 때 하나님은 자신의 영을 거두시고 어둠과 죄와 인과응보 가운데 내버려두십니다. 성경에서도 세상의 죄와 참혹함이 극에 달할 때 종종 하나님의 이런 모습을 볼 수 있습니다. 도저히 그 비참한 광경을 보실 수가 없을 때, 하나님은 그곳에서 자신의 얼굴을 돌리십니다. 그리고 결국에는 파멸에 이르게 될 죄와 사망의 법대로 흘러가도록 내버려두십니다. 그러나 구원의 심판은 그 죄의 실상과 본질을 경험하고 똑바로 직면하고 죗값을 치를 용기를 주며 회개케 하시는 은총입니다.

사랑은 상실을 철저하게 재확인하는 과정에서

더욱 분명해진다.

때로 내버려둠이란 방치가 아니라

신 없는 혹은 신을 빙자한 실존의 어두운 면모를

눈 똑바로 뜨고 확인하는 일이다.

하나님 없는 실존 가운데서 사람들이 느끼는 것은 행복이 아니라 감각적이고 지옥 같은 허무한 쾌락과 헛된 희망이 아우성치는 공존입니다. 그곳에서는 어떤 기쁨도 결국에는 고통으로 돌아옵니다. 쾌락 후에는 공포와도 같은 허망함이 있고, 이익을 위해 돌진할 때는 광기와 두려움이 밀려듭니다. 죄와 사망의 법이 다스리는 그곳에서 시간의 끝은 죽음의 허무와 가차 없는 율법의 심판입니다. 그러나 그 아수라장 가운데서도 심판의 얼굴 뒤에는 여전히 우리가 돌이키기를 바라시는 하나님의 사랑의 마음이 있습니다. 하나님과 분리되고 싶어 하는 실체가 민낯을 적나라하게 드러날 때, 그 아수라장 속에서 우리는 경악합니다. 그곳은 이미 지옥이며, 그 자체로 심판의 한복판입니다. 그리고 하나님 앞에서 의인이 없으되, 한 사람도 없다는 성경 말씀을 깨닫게 됩니다. 우리의 슬픔이 자신과 세상에 대한 회개로 이어질 때, 심판의 자리는 곧 그분의 은혜를 부어주시는 애통의 자리가 됩니다. 그러나 그 은혜를 받아들이지 않는 세상은 원래 예정된 이치로 치닫습니다. 인과응보의 법칙대로 결말을 맞게 되며 반드시 멸망의 모습으로 나타나게 됩니다. 하나님께서는 이렇게 마지막을 맞이할 수밖에 없는 세상을 어떻게든 돌이키려고 애쓰십니다. 그리고 그분의 애통한 마음으로 기도할 사람들을 찾고 계십니다.

심판은 이렇게 우리의 실상을 적나라하게 드러냅니다. 그 악하고 참담한 악의 실상을 직면하는 것이 우리가 깨어날 계기가 됩니다. 심판이 있기 전에는 적당한 쾌락과 양심이 세상의 실상을 감추고 있습니다. 분명 무언가 잘못되고 있다는 생각이 들지만, 잠깐의 위안으로 인해 곧 희미해집니다. 그러나 심판이 올 때는 돌이키지 않고 있었던 죄와 세상의 악한 본질이 모두 드러납니다. 이렇게 탄로 나고 남은 것은 구원을 위한 해방입니다. 우리가 벗어나고 싶었지만 그럴 용기가 없던 것으로부터 풀

려나는 기회입니다. 이 구원의 자기 폭로는 인간을 어둠의 수
렁으로 떨어뜨리는 것이 아니라, 새로운 존재를 소생케 합니다.
그때 하나님 앞에서 벌거벗은 모습 그대로 나아가십시오. 돌이
킬만할 때 돌이키십시오. 기회를 주실 때 회개하십시오. 애통
하는 자는 은혜 가운데 놓이게 될 것입니다.

심판은 이렇게 악의 본질을 직면하게 하고 영적인 눈이 뜨이게
되는 은혜입니다. 비로소 그 실상을 얄팍하게 가리고 있던 덮
개가 벗겨지고, 그 배후에 도사리고 있던 세계관과 악한 영들
을 보게 됩니다. 우리가 돌이키지 않을 때, 우리는 그 권세 아래
종노릇하며 그 끝은 사망과 파멸뿐임을 깨닫게 됩니다. 지옥은
하나님께서 보복하시는 곳이 아니라 그분의 빛이 하나도 들어
오지 않는 곳, 죄와 사망의 본성대로 사는 곳입니다.

세계대전을 통해서 이 세상이 사단의 권세 가운데 있다는 것이
적나라하게 드러났습니다. 최소한의 양심과 선함도 사라지고,
죽음과 파괴로 치닫는 본성이 수면 위로 드러난 것입니다. 사

람들은 인간의 선한 본성과 이성에 대한 깊은 회의를 느꼈습니다. 허무주의와 실존주의가 세계를 휩쓸었습니다. 인간의 힘으로 선하고 아름다운 것을 이룰 수가 없다는 한계 앞에 무릎 꿇게 되었습니다. 죄는 이 세계를 지배하는 중력의 법칙과 같아서, 벗어나려고 해도 결코 우리를 놓아주지 않습니다. 사도 바울이 말했듯 죄에는 힘과 능력이 있기 때문입니다. 이것이 엄청난 권세임을 깨닫지 못한다면, 하나님의 의의 심판이 어떻게 구원이며 은혜인지 알지 못할 것입니다.

지옥은 그저 죽어서 가는 곳이 아닙니다. 그곳은 우리 삶의 도처에 도사리고 있으며, 생생한 역사 속에서 틈탈 기회를 엿보고 있습니다. 그 강력한 권세 앞에서 우리가 할 수 있는 것은 예수 그리스도 앞에 믿음으로 담대히 나아가는 것입니다. 교회는 음부의 권세가 이기지 못합니다마 16:18. "음부의 권세"는 죽음과 지옥, 곧 하나님을 대적하는 모든 세력의 총체를 상징합니다. 교회는 그리스도의 생명과 진리를 담지하는 곳, 인간적 제도 이상의 장소로서, 하나님의 주권 안에서 지속되고 보호받는 영적 실체입니다.

심판은 한 개인의 잘못에 대한 처벌만이 아닙니다. 그러한 결말을 맞을 수밖에 없도록 운명 지어진 세상의 구조 악도 포함되어 있습니다. 사도 바울은 그 구조를 죄와 사망의 법이라고 불렀습니다. 성경을 보면 사람들이 간음한 여인을 정죄할 때, 예수께서 "너희 중에 죄 없는 자가 먼저 돌로 치라"라고 말씀하십니다요 8:7. 끝내 그곳에 남아있는 사람은 한 명도 없었습니다. 오직 예수님만 그 자리에 계셨지요. 여인을 돌로 칠 수 없었던 사람들의 마음속에는 누구도 떳떳할 수 없다는 찔림이 있었던 것입니다. 이 깨달음이 압도적으로 밀려오는 때가 심판의 날입니다. 그날에는 전쟁하는 천사들이 나타납니다. 에스겔서에 나타난 천사들이 바로 이들입니다. 이들은 심판하는 천사들로서, 육체를 으스러지게 하는 천사들입니다겔 9. 우리의 육체는 결국 한 줌 먼지로 돌아갈 것입니다. 중요한 것은 이 스러질 육체 안에 담긴 내용입니다. 천사들이 나타나 육체를 벗길 때 우리의 속 진실이 드러날 것입니다. 우리의 시간이 생명으로 쌓여왔는지, 흔적도 없이 사라질 육신의 껍데기뿐인 죽음의 잔해였는지 말입니다. 그것은 우리가 몸을 가지고 사는 동안 자유 의지를 가지고 무엇을 선택할지에 대한 차이입니다.

예수님께서는 "나는 죄인을 부르러 왔다."라고 말씀하셨습니다 마 9:13. 죄인을 벌하러 오신 것이 아니라 부르러 오셨다는 초청의 소식입니다. 누구도 외로움과 불안, 그리고 죽음을 피할 수 없으며 그 죄의 대가를 치르는 운명을 타고났지만, 하나님은 누구든 그분의 자녀가 되는 자리로 초청하십니다. 오직 그 초대에 응답하거나 거절하는 사람이 있을 뿐입니다. 구원받은 이는 이 초청에 매일 응답하는 사람, 하나님의 구원의 심판 앞에 매 순간 서는 사람입니다. 그 앞에서 자신과 세상의 실상을 벌거 벗은 채로 보는 자들은 마침내 그 끝자락에서 예수 그리스도의 십자가를 발견하게 될 것입니다. 이 십자가 위에 서 있는 심판은 권선징악의 냉엄함이 아니라 하나님을 떠난 인간이 죽음의 실체를 목도하고 돌이켜 구원받는 사건입니다. 이 대면은 두려움을 불러일으키지만, 이때 비로소 피아의 구분이 정확해집니다. 심판은 존재의 진리 앞에 서서 자신이 살아온 실존의 삶을 분별하게 되는 기회이기도 합니다. 그리고 그 심판의 날에 우리는 감격스럽게도 우리 삶의 모든 작은 선행이 생명책에 기록된 것을 보게 될 것입니다. 우리가 드린 모든 작은 선물들을 소중하게 기억하시는 그분을 만나게 될 것입니다.

이 심판과 사랑의 깊이를 깨닫는 자만이 하나님께서 주신 비전과 사명을 이해할 수 있습니다. 고통받는 세계를 위하여 진심으로 기도할 수 있습니다. 세상을 향한 하나님의 사랑이 얼마나 위대한 것인지 전할 수 있습니다. 이 구원의 깊이가 느껴지게 해 달라고, 우리에게 애통하시는 하나님의 마음을 달라고 기도하십시오. 그리스도인들은 단순히 교회라는 건물 안에 모여 있지 않습니다. 우리는 어디에서든 하나님의 거룩한 은혜와 심판의 보좌 앞에 모입니다. 그 보좌는 우리의 실상을 엄정하게 드러내시지만 또한 사랑으로 덮어주시는 곳입니다. 그 사랑으로 우리는 하나님의 심판대 앞에 담대하게 섭니다. 그리스도인들은 이렇게 하나님의 사랑을 믿는 담대함을 가진 사람들입니다. 그래서 우리는 자신의 죄 앞에서도, 세상의 악함 앞에서도 두려워하지 않을 수 있습니다. 참 해방과 사랑의 약속이 주어졌기 때문입니다.

존재와 실존의 만남

심판은 징벌과 멸망, 권선징악의 의미만이 아니라 복음의 일부
이다. 바르트는 전통적인 '두렵고 공포스러운 심판' 개념을 거
부하고, 하나님의 화해의 실현으로 이해한다. 그는 "예수 그리
스도 안에서 하나님의 심판이 이미 이루어졌다."라고 선언한
다.

> 우리는 하나님의 실제 사역을 계속 주목해야 한다. 즉,
> 하나님의 왕적 직분의 자유 안에서 세상을 심판하시는
> 일, 그 심판의 집행 속에서 은혜를 선포하시는 일, 유죄
> 판결을 통해 오히려 의롭다 선포하시는 일, 포로된 우
> 리를 자유케 하시는 일, 우리의 죽음을 통해 생명의 기
> 초를 세우시는 일, 그리고 멸망을 통해 구속과 구원을
> 창조하시는 일이다.[1]

---

1 Barth, Karl. *Church Dogmatics: The Doctrine of Reconciliation. Volume IV, §§57–59.* Edited by G. W. Bromiley and T. F. Torrance. Edinburgh: T&T Clark, 2009, 215.

하나님의 사역은 왕적 자유 안에서 역사 속에 개입하는 심판과 은혜의 역설적 통일이며, 인간의 절망과 한계를 수단 삼아 구속과 생명을 창조하는 초월적 행동이다. 바르트는 하나님의 통치는 단순한 권능 행사가 아니라, 심판을 통해 은혜를, 유죄를 통해 의로움을, 죽음을 통해 생명을, 멸망을 통해 구원을 낳는 변혁적 사건으로 보았다. 즉, 하나님은 인간의 실존적 한계를 전복시키는 방식으로 일하시며, 그 일하심은 인간 논리로는 불가해한 거룩한 역설 안에 있다. 이러한 사역은 인간의 자율적 가능성이나 도덕적 성취와는 무관하며, 전적으로 하나님의 자유로운 주권에 속한 사건이다. 하나님의 행위는 세계의 질서와 반대되는 듯 보이지만, 그 안에서 진정한 정의와 구원을 실현한다. 한편, 틸리히에게 심판은 존재의 왜곡distortion of being에 대한 존재 자체의 반응이다.

> 긍정적인 악의 모습은 영원의 빛 앞에서 사라진다. 영
> 원한 생명이신 하나님은 '타오르는 불'로 불리시며, 긍

정인 척하지만 실은 부정인 것들을 태워 없애신다. 참
으로 긍정적인 것은 어떤 심판의 불도, 심지어 신적 진
노의 불도 태울 수 없다는 것이다. 이는 하나님께서는
자신을 부정하실 수 없으며, 모든 긍정적인 것은 존재
자체의 표현이기 때문이다.[2]

틸리히에게 심판은 존재의 진리 앞에서 거짓 자아의 속임이 드
러나는 순간이다. 그는 이를 궁극적 관심과 관련지어 설명한다.
틸리히에게 심판은 법적 재판이 아니라, 존재의 자기 폭로이다.
그 시작은 존재가 자신의 근원으로부터 이탈한 것을 스스로
인식하는 것이다. 심판은 인간을 하나님의 은혜와 대면시키며,
자기중심적 거짓 자아를 무너뜨리고, 그리스도 안에서 새 삶을
시작하게 하는 은혜로운 사건이다. 그렇기에 하나님의 심판의

---

2 Tillich, Paul. *Systematic Theology, Volume III: Life and the Spirit;
History and the Kingdom of God.* Chicago: University of Chicago
Press, 1963, 399.

열매는 파멸이 아니다. 왜냐하면 그 심판은 그리스도 안에서 완성된 구원의 사건이며, 그로 인해 인간이 근원으로부터 떨어진 자신을 자각하기 때문이다.

OUR
CRE
DO

4장

성령과 공동체 | 새 생명 새사람들의 연대

때로 하나님은 이렇게 우리가 눈길 한 번 주지 않았던 소외된 영역에서 놀라운 일을 시작하십니다. 그래서 그분을 만나는 여정은 마치 숨바꼭질하는 것과 같으며 보물찾기의 여정입니다. 우리가 보물이라고 생각하는 곳에 하나님이 계신 것이 아니라, 그분이 계신 곳에 보물이 있습니다.

1

성령의 현존 - 자아의 숨바꼭질이 끝난 뒤

나는 자유의 바람.

다함이 없는 우주의 에너지가 발화하는

존재하지 않는, 너무나 명료한 존재.

사도신경은 "성령을 믿사오며"라고 고백합니다. 그리스도인들은 하나님이나 예수님을 믿는다고는 일상적으로 고백하지만, 성령을 믿는다고는 좀처럼 말하지 않습니다. 성령에 대한 특정한 이미지가 작용하기 때문일 것입니다. 성령 충만에 대해 대개 열렬한 부흥 집회를 떠올리거나, 마음이 뜨거워지면서 사방에서 방언하는 모습을 떠올립니다. 이렇듯 성령은 흔히 보통 열정적 감정이나 은사와 연관되어 왔습니다. 그러나 성령은 삼위일체의 사랑 안에서 깊은 교통을 이루시는 관계적 존재로, 공동체적 생명의 흐름을 매개하십니다. 동시에 성령은 의지와 지각, 감정을 지닌 인격적 주체로서 인간과의 상호 교제를 통해 하나님과의 인격적 만남을 가능하게 하십니다.

믿음의 조상 아브라함의 일화를 생각해 봅시다. 하나님께서는 아브라함을 부르시며, '보여줄' 땅으로 가라고 명하셨습니다창 12:1. 아직 보이지도 않는 땅을 향해 언약을 믿고 나아가는 길은 보이지 않는 성령을 신뢰할 때만 가능합니다. 나의 생각이나 판단으로 성령을 믿고자 한다면 결코 갈 수 있는 길이 아닙니다. 성령님은 고정된 지침이 아니기 때문입니다. 그분은 살아 있는 관계 속에서 우리의 내면을 움직이시며 인도하십니다. 또한 성령님께서는 현재의 영이며 미래의 영이십니다. 그러나 우리는 신앙을 과거의 경험에 비추어 붙잡으려 합니다. 불안할 때마다 과거의 은혜를 떠올리고, 그 경험을 되새기며 현재에 적용하려 합니다. 그러나 과거의 방식으로 지금 우리 가운데 현존하신 성령의 인도를 알 수는 없습니다. 성령의 역사 안에는 언제나 과거와 미래, 현재가 함께 상생하며 지금, 여기의 실존에 꼭 맞는 생생함이 있습니다.

베드로는 물 위를 걸어오시는 예수님을 보고 자기도 걷게 해 달라고 믿음으로 구했습니다. 잠깐이지만 그는 물 위를 걷는 놀라운 체험을 했습니다. 얼마나 놀라운 체험이었을까요? 만일 베드로가 이 일이 너무 놀라워서 '물 위를 걷는 법'에 대한 책을 쓰고, 이것이 성령의 역사를 체험하는 방식이라고 가르친다면 어떨까요? 그러나 베드로가 한 경험은 모든 이에게 적용될 수 없을 것입니다. 또 베드로가 바다를 건널 때마다 일어나지도 않을 것입니다. 실제 베드로의 삶에서도 그 경험은 반복되어 일어나지도, 강조되지도 않았습니다. 만일 하나님께서 우리가 정해둔 대로 움직이신다면, 그분은 더 이상 살아계신 하나님이 아닐 것입니다. 그것은 사람이 만든 우상에 불과하게 됩니다. 그러나 하나님께서는 살아계신 영이십니다. 그분은 물 위를 걷게도 하시고, 빠지게도 하시며, 빠진 자리에서 건져 다시 일으키기도 하십니다. 성령은 우리의 무엇에도 갇히지 않으시는 신령한 바람입니다. 우리는 이 바람을 붙잡을 수 없지만, 그 인도하심에 마음과 삶을 열 수는 있습니다.

그래서 성령께서는 우리의 굳어진 믿음에 균열을 내시며 도전하십니다. 우리가 슬슬 하나님께 익숙해지며 그분을 규정하려 할 때, 그분은 새로운 방식으로 자신의 존재를 나타내십니다. 기독교의 역사를 보면, 진리는 같지만 성령께서 임재하시는 방식은 늘 새롭고 다양함을 알 수 있습니다. 우리는 과거와 전통으로부터 유익한 것을 배울 수 있지만 그것이 전부는 아닙니다. 이러한 성령님의 자유로운 특징은 때로 우리에게 불안함을 줍니다. 지금껏 우리에게 쌓인 지식과 경험에 맞추어 하나님께서 뜻을 알려주신다면 얼마나 안정적일까요? 그러나 성령은 그 방식을 택하지 않으십니다. 성령은 개념적으로 정의되지도 않으시고, 우리의 지식이나 경험 안에 잡히지도 않으십니다. 그렇기에 그분의 인도를 받을 때 필요한 것은 믿음입니다. "주님, 보이지 않지만, 당신의 방식을 신뢰합니다. 언제나 당신은 항상 좋은 것을 우리에게 주십니다."라는 신뢰의 기도가 필요합니다. 성령님은 관계 속에서 일하시는 분입니다. 그분의 방식은 세상의 눈으로는 알 수 없지만, 함께하는 친밀함 가운데 깨닫게 되는 비밀입니다.

성령께서 관계 안에서 일하신다는 것은 단순히 감정적인 교감을 의미하지 않습니다. 인간적인 친밀감도 아닙니다. 관계는 사람들 사이에서만 나타나는 일이 아닙니다. 우리는 독립적으로 살아가는 것이 아니라 수많은 관계의 차원을 통해 살아가고 있습니다. 사회적 관계, 자연과의 관계, 역사와의 관계 등, 다차원적인 관계가 삶을 지탱하고 있습니다. 그렇기에 관계를 말하지 않고는 자신에 관해 설명할 수 없습니다. 이 복잡다단한 삶의 관계망을 타고 성령께서 자유롭게 일하시는 것을 체험할 때, 그리스도인으로 살아가는 참된 의미를 깨달을 것입니다. 이 관계는 '사이'로 구성되어 있습니다. 나와 너, 나와 세계, 나와 사물의 사이에는 차이가 존재합니다. 이 차이로 인해 나와 대상간에 사이가 발생하고, 사이를 통해 관계가 맺어집니다. 그러므로 이 사이의 공간에 어떤 영과 정보가 흐르고 있는지가 중요합니다. 성령께서는 바로 이 사이에 임하십니다. 그분께서 오실 때 하시는 일이 있습니다. 바로 이 '사이'에 성부와 성자의 일이 충만해지도록 돕는 것입니다. 그래서 우리의 관계가 성령의 도道 안에 있을 때, 하나님의 일이 부흥합니다. 이 열매가 없다면 아무리 관계가 돈독한 교회 공동체라도 그저 사람의 모임에 불과합니다. 눈에 보이는 것보다 중요한 것은 우리의 관계 속에 임하시는 영입니다. 성령은 사람들 사이의 단절을 치유하고, 하나님과의 관계를 회복시키며, 공동체 안에 화해와 일치를 이루게 하십니다. 또한 성령은 관계 안에서 자기중심적 욕망을 넘어서도록 이끌며, 참된 사랑과 진리로 타자에게 다가가는 용기와 감수성을 부여합니다.

또한 관계 속에서 성령께서 하시는 가장 중요한 일은 하나님의 영광과 예수님의 구원 사역을 드러내시는 것입니다. 성령이 임하실 때 우리 내면과 공동체의 관계는 깊고 충만해집니다. 성령이 충만하다는 것은 단순히 어떠한 고조 상태가 아닙니다. 어떤 이들은 성령 충만을 나의 기쁨이 충만한 상태, 모든 일이 잘 풀리는 상태로 생각합니다. 그러나 성령이 오실 때는 성령의 특징이 드러납니다. 그분처럼 우리도 자기 뜻을 비우고 하나님의 영광과 예수 그리스도의 역사가 드러나게 합니다. 진리의 성령이 오실 때 우리는 자기 말을 하지 않고 성령께서 알게 하시는 진리를 말하기 시작합니다. 또 장래의 일은 우리의 머리로는 알 수 없고 우리의 손에 달려 있지도 않지만, 미래의 영이신 성령께서 오실 때 그 일들을 믿음과 소망의 눈으로 보게 됩니다.

우리는 이러한 성령께서 임재하시는 것을 어떻게 식별할 수 있을까요? 임재의 현상은 정해져 있지 않지만, 성령께서 임재하셨을 때 나타나는 중요한 특징이 있습니다. 바로 마음이 충만해진다는 것입니다. 충만함 속에서 죄와 탐욕의 갈망은 사라지고 결핍이 없어집니다. 충만한 자들은 자기를 비워 하나님의 일을 충만하게 하고 공동체를 하나 되게 합니다. 마치 창조주 하나님과 예수님께서 충만한 존재로서 자기부정을 통해 일하시는 것처럼 말입니다. 우리는 성령의 임재 앞에서 지금까지 경험했던 것과 배웠던 지식, 교리, 상식으로부터 자유해집니다. 그리고 삶 속에 있는 모든 관계에 성령의 바람이 불어오도록 여백을 둡니다. 그 여백에 우리의 미래가 있습니다. 성령께서 오실 때, 우리는 성령께서 지금, 여기에 말씀하시는 것을 들으며 비전을 보게 됩니다. 성령님은 그 비전에 걸맞은 믿음과 소망과 사랑을 함께 주시며 그 비전을 이룰 수 있도록 이끄십니다. 우리는 성령께서 이끄시는 여정 가운데 신기하게도 삶의 어려움과 장애를 극복해 나가는 것을 경험하게 됩니다. 믿음은 갑자기 생기는 것이 아니라 성령님과의 동행 가운데 한 발 한 발 나아가며 소망과 사랑의 상호 관계 속에서 배워가는 것입니다.

성령님은 함께 하는 여정 속에서 우리의 내면을 비춰주십니다. 성령의 빛은 단지 마음을 성찰하거나 분석하는 데 머무는 것이 아니라, 하나님과의 관계 속에서 우리를 비추시는 빛입니다. 우리의 마음은 하나님의 뜻이 다가오는 통로이자 세상에서 가장 그리운 그분의 사랑을 기다리는 공간입니다. 그러니 하나님의 뜻은 이론이나 논리로 알 수 있는 것이 아닙니다. 사람끼리 회의를 거듭하거나 지혜를 모은다고 해서 그분의 뜻과 마음에 도달할 수 있다면, 집단 지성이나 인공지능이 하나님을 대체할 수 있을 것입니다. 그러나 그러한 방식으로는 결코 살아계신 하나님의 뜻을 알 수 없습니다. 그분의 뜻은 성령의 도우심 가운데 기도하는 순간순간 밝혀지는 신비입니다. 하나님의 뜻을 알기 위해서는 그 뜻을 밝히시는 성령의 빛 아래에 우리의 내면이 자리해야 합니다. 숨기고 싶은 마음의 음영, 욕망의 투사, 고집스러운 해석 등, 세세한 부분까지 성령은 조명하십니다. 그렇기에 성령의 빛은 위로만이 아니라, 내면의 그림자까지 드러내는 진리의 빛입니다. 그 빛 아래에서만 우리는 하나님의 뜻과 자기 확신을 구별할 수 있습니다. 진정한 분별은 하나님의 뜻을 찾는 나 자신에 대한 투명한 성찰로부터 시작됩니다.

하나님의 큰 일을 감당하며 헌신하는 것은 귀한 일입니다. 그러나 그때 자아가 커지며 내 뜻이 하나님의 뜻보다 더 커질 수 있습니다. 선지자 요나가 그랬습니다. 그는 하나님의 명확한 부르심과 니느웨를 향한 구원의 선포를 들었지만, 자신의 판단과 반감에 갇혀 순종할 수 없었습니다. 그에게 니느웨는 구원보다는 심판이 어울리는 도시였고, 그의 마음은 분노와 이념으로 가득 차 있었습니다. 하나님의 음성을 듣는 데 가장 방해가 되는 것은 외부의 소음이 아니라 자기를 주장하는 내면의 분심입니다. 요나는 말씀을 분명히 들었지만, 자기 의가 분출하는 마음의 혼란 때문에 하나님의 뜻을 받아들일 수 없었습니다. 때로 우리도 비슷합니다. 하나님의 뜻을 감당하기 어렵거나 받아들이기 싫을 때, 우리는 그것이 하나님으로부터 온 것이 아니라고 스스로 결론짓고 합리화합니다. 그때 묘하게도 상황이 내가 내린 결론을 뒷받침하는 것처럼 보입니다. 요나가 니느웨가 아닌 다시스로 향하려 부두에 가자, 공교롭게도 그곳으로 출항 준비를 마친 배가 있었습니다요 1:3. 겉으로 보기엔 너무도 '운 좋은' 상황처럼 보였고 마치 하나님의 뜻인 것처럼 보였습니다. 그러나 그것이 하나님의 뜻은 아니었습니다. 상황의 적절함이 곧 하나님의 인도하심은 아닙니다.

진정한 분별은 먼저 내 마음의 동기를 식별하는 데서 시작됩니다. 하나님의 뜻을 알고자 한다면, 먼저 그 뜻을 왜 받아들이기 어려운지를 직면해야 합니다. 그러기 위해 먼저 해야 할 일이 있습니다. 순종하기로 마음을 정하는 것입니다. 그렇지 않으면 내면에서 갈등이 일어납니다. 자꾸 자기 이익을 계산하고, 자기 경험에 비추어 옳고 그름을 판단합니다. 그것이 우리의 본성입니다. 중요한 것은 성령께 의탁하면서 자기 뜻을 꺾고 순종할수록 이런 갈등이 점점 줄어든다는 것입니다. 우리는 놀랍고 큰 경험을 하거나 기적을 체험하면 내면이 바뀔 것으로 생각하지만, 실은 매 순간 기도로 우리의 마음을 비추어보며 하나님께로 돌이키는 과정을 통해 변화됩니다. 손해 볼 것 같아 두렵고 화가 나는 일이 있나요? 하나님의 뜻이 내가 지금까지 살아온 방식과 반대되는 것 같아 억울한가요? 왜 그런 마음이 드는지 살펴보십시오.

마음이 가난한 자는 주님의 주권을 인정하고 순종하는 것이 자연스럽습니다. 순종은 하루아침에 완성되는 것이 아니라, 지각을 사용하여 진리를 살아내는 묵묵한 반복을 통해 몸에 배는 일입니다. 하나님의 뜻은 우리 생각으로 통달할 수 있는 것이 아닙니다. 그 훈련은 인내의 시간이 필요합니다. 때로는 황홀했다가도 실망스럽기도 하고, 아무 일도 일어나지 않는 침묵과 부재 등 다양한 시간이 지나가야 합니다. 그 시간이 우리의 믿음을 든든히 만들어 갑니다. 하나님과의 관계에서도 이렇듯 시간의 흔적이 몸에 밴 신뢰가 필요합니다.

히브리서 5장 12~14절은 이 믿음과 인내의 시간을 견딘 이들에 관해 이야기합니다. 그들은 바로 '지각을 사용해서' 연단을 받아 하나님의 뜻을 분별하게 된 자들입니다. 여기에는 하나님의 뜻을 분별하는 과정이 들어있습니다. 먼저 지각을 사용해서 하나님의 뜻이 무엇인지 생각해 보십시오. 그것이 진정한 하나님의 뜻인지 알기 위해서는 검증을 받는 과정이 필요합니다. 그래서 때로는 고난도 겪고, 그것을 뛰어넘는 믿음의 훈련도 거칩니다. 연단은 불순물이 가득한 보석을 용광로에 넣어 정제하는 것을 말합니다. 우리가 지각을 사용하여 지금껏 하나님의 뜻으로 알아 온 것에는 불순물도 섞여 있습니다. 실은 많은 부분이 용광로에서 녹아야 할 불순물이며 아주 작은 부분만이 빛나는 보석의 본질일 수도 있습니다. 그런 연단의 과정에서 우리는 살아 있는 믿음의 체험을 합니다. 그분께서 우리를 정제하실 때, 스스로 옳다고 생각했던 많은 부분이 믿음을 방해하고 있었음도 알게 됩니다. 그 길은 때로 지루하기도 하고 외로운 길이기도 합니다. 그러나 하나님께서 우리에게 주신 분명한 언약 속에서 한 발 한 발을 내디딜 때, 주님께서 우리의 지경을 넓히십니다. 하나님과 함께 걸어본 그 시간이 바로 우리의 믿음의 그릇입니다.

영성가들은 '숨어계신 부재의 하나님'에 대해 자주 말합니다. 하나님의 숨어계심은 영성가들이 실제로 부재의 체험을 깊이 통과하며 말한 고백이었습니다. 그들은 이 여정을 '자아의 숨바꼭질'이라 불렀습니다. 하나님을 찾고자 하지만, 자아의 낯익은 방식으로는 결코 응답하지 않으시는 시간 말입니다.

> 그림자처럼 보이지 않게
>
> 어느 길목에 숨었다가
>
> 그게 아니라고
>
> 다시 가만히 들여다보라고

부르시는 목소리.

애태우던 날이 가고

다시 사랑만을 기억하면서

그게 아닐 거다

나는 나의 몸만은

아닐 거다

돌아서는 그 자리에

이 세상에 속하지 않은

다른 세상에 속한

그분이 숨어 계신다.

하나님께서 우리가 익숙한 방식으로 언제나 쉽게 만날 수 있는 분이라면, 그분은 더 이상 우리를 초월한 존재가 아니실 것입니다. 그분은 우리의 익숙한 예상을 뒤엎으시면서, 하나님과 우리가 맺은 사랑이 전혀 다른 세상에서 온 것임을 알려주고자 하십니다. 그 하나님의 뜻을 찾는 과정은 먼저 우리 마음의 불순물을 걸러내는 일, 그리고 우리 안에 묻힌 보물을 찾아가는 여정입니다. 그리고 그 길에 보혜사 성령께서 우리를 도우십니다.

사도 바울은 성령이 우리를 도우신다고 막연히 말하는 대신, '우리의 연약함'을 도우신다고 기록했습니다롬 8:26. 이 말은 마치 우리가 연약해야만 성령께서 도우신다는 말처럼 들리기도 합니다. 그러나 이 구절의 중점은 우리의 약함이 아닙니다. 우리의 약함을 계속 묵상하며 빠져드는 것은 의존적인 자기중심성을 오히려 강화합니다. 여전히 자기 자신에게 집중하고 있는 것이기 때문입니다. 로마서에서 말하고 있는 연약함은 '하나님 앞에서의' 약함입니다. 그것은 하나님과의 관계 안에서 나타납니다. 주님 앞에서 애통한 마음으로 회개가 일어날 때, 우리는 하나님 앞에서 가난해지고 약해집니다. 그래서 그리스도인들의 연약함은 하나님 아버지의 자녀 된 관계성에 기반을 두고 있습니다. 우리는 가장 연약한 아이가 되어 하나님의 품에 안깁니다. 그리고 주님께서 말씀하시는 비전을 듣습니다. 이런 모습은 성령 충만의 보편적 이미지인 힘이 넘치고, 감정적으로 건강하고, 갖춘 것이 충분한 모습과 거리가 느껴집니다. 그러나 하나님께서 기적을 베푸셨던 통로는 어린아이가 드린 오병이어였습니다. 때로 하나님은 이렇게 우리가 눈길 한 번 주지 않았던 소외된 영역에서 놀라운 일을 시작하십니다. 그래서 그분을 만나는 여정은 마치 숨바꼭질하는 것과 같으며 보물찾기의 여정입니다. 우리가 보물이라고 생각하는 곳에 하나님이 계신 것이 아니라, 그분이 계신 곳에 보물이 있습니다.

주님과 우리 사이에 이 연약함이 있는 것은 참 복된 일입니다. 그 연약함을 우리의 강박과 욕심으로 채우는 것이 아니라, 그저 주님께서 역사하시기 좋은 빈 공간으로 겸손히 두십시오. 그 가난함 앞에, 아무것도 소유할 수 없는 연약함 앞에 매일 서는 자는 복이 있습니다. 나의 뜻이 이루어진 후에 주님을 찾는 것도 아니고, 과거에 좋았던 시절에서 주님을 찾는 것도 아닙니다. 지금 여기서 주님을 찾아 나서십시오. 가장 가난한 마음으로 간절히 기도하는 그곳에서 생생히 살아계신 하나님을 만나십시오. 여기서 주님께서 거하시기에 편한 가난함이란, 단순한 결핍이 아니라 은혜의 순환이 이루어지는 공간입니다. 이 가난은 빈곤이 아니라 부요의 나눔이며, 헌신을 통해 비워진 마음에 성령이 다시 채워지는 자리입니다. 우리는 가진 것을 다 갖춘 뒤 헌신하려 하지만, 실제로는 비움과 순환 자체가 하나님의 나라에 이르는 길입니다. 이 영적 원리는 성령 안에서 헌신하는 삶을 통해 자연스럽게 깨달아집니다. 성령은 자신을 비워 하나님의 영광을 드러내시는 분이며, 우리 안에서도 같은 방식으로 일하시길 원하십니다. 그분은 자유로운 영이시며, 우리를 훈련하고 이끌어 존재의 구조를 다시 짜는 깊은 변화를 일으키십니다.

또한 성령의 임재는 단지 '체험된 힘'만이 아니라, 진리와 존재 사이의 틈을 여시며 새로운 시간을 열어가는 인격적 사건입니다. 그러므로 감정적 고양이나 신비한 체험만을 기대하지 말고, 말씀과 진리가 내 안에서 사건이 되도록, 성령의 현재적 활동을 신뢰하며 기도해야 합니다. 그 여정 속에서 성령께서 일으키시는 복음 사건이 우리 안에 살아 현재화될 것입니다.

존재와 실존의 만남

"성령을 믿사오며"라는 고백은 사도신경의 세 번째 대목인 성령과 교회에 대한 신앙고백을 여는 문과 같다. 성령은 단순한 영적 체험이나 신비적 힘이 아니라, 보이지 않지만 하나님의 계시를 현재적인 삶으로 인도받게 하시는 인격적 주체이자 공동 창조자이다. 바르트는 『교회 교의학 I/1』에서 이렇게 말한다.

> 성령은 아버지와 아들과 함께 존재뿐 아니라 생명도 창
> 조하시는 창조주 하나님이시다.[1]

바르트에게 성령은 하나님의 말씀과 인간의 실존 사이를 연결하여 새로운 창조를 일으키시는 존재다. 즉 성령은 단순한 '영적 에너지'나 '하나님의 활동'이 아니라, 아버지와 아들과 본질적으로 동등한 인격적 존재라는 것이다. 그는 성령의 위상을

---

1 Barth, Karl. *Church Dogmatics, Volume I: The Doctrine of the Word of God.* Edited by G. W. Bromiley and T. F. Torrance. Edinburgh: T&T Clark, 1975, 475.

회복하며, 창조는 단지 과거의 사건이 아니라 지금도 성령에 의해 지속되고 새롭게 살아나는 사건이라고 말한다. 바르트는 이한 문장으로 성령의 인격성, 창조주로서의 주체성, 그리고 삼위일체 내 본질적 평등성을 동시에 고백한다. 그에 따르면 성령은 더 이상 교리서 뒤편의 애매한 개념이 아니라, 말씀을 말씀 되게 하며, 하나님의 살아 있는 계시를 지금 여기 인간 실존 안에 현재화시키는 능동적 인격이시다.

한편, 틸리히는 성령을 예수 안에서 나타난 새 존재와 인류가 만나도록 하는 영이라고 말한다. 틸리히는『조직신학 3권』에서 이렇게 말한다.

> 예수 안에서 그리스도를 창조하신 성령은 과거에도 지금도 인류가 그 안에서 새로운 존재를 만나도록 준비시

키는 동일한 성령이시다.[2]

그러므로 "성령을 믿사오며"라는 고백은 단순한 감정이나 신비 체험을 넘어, 하나님의 계시가 지금 여기서 내 존재 안에 살아서 작용하고 있음을 신뢰하는 선언이다. 성령은 화석화된 우리의 삶에 구체적이고 인격적으로 다가오셔서 계시하시고 응답하도록 인도하시며, 우리 삶 안으로 침투하여 새로운 존재의 가능성을 여는 살아 있는 영이다. 존재의 깊이를 구성하는 실존적 창조는 시간 안에서 단절 없이 일관되게 작용한다. 성령은 단지 그리스도를 '드러내는' 분이 아니라, 그 안으로 인간 존재를 참여시키고 변화시키는 분이다. 성령은 인간으로 하여금 그리스도 안에서 자신을 새롭게 경험하고, 소외에서 화해로, 자기중심성에서 하나님 중심성으로 전환되게 하시는 분이다.

---

2 Tillich, Paul. *Systematic Theology, Volume III: Life and the Spirit: History and the Kingdom of God.* Chicago: University of Chicago Press, 1963, 147-148.

그분은 항상 동일하게, 그러나 각각의 시대와 인간 존재의 실존적 조건에 맞추어 그리스도와 인간의 만남을 가능케 하시는 살아 있는 하나님이시다.

교회는 한 개인이 신앙생활을 성실히 하는 곳이라
는 의미를 넘어, '함께 있음'의 진실한 구조 속으
로 들어가는 진리의 실천 공간입니다. 인간은 언
제나 자신을 중심으로 세계를 해석하고자 하지
만, 삼위일체적 몸으로서의 교회는 각 개인이 '전
체 안에서의 지체'로 살아가면서 동시에 '타자를 위
한 존재'가 되는 자기부정의 훈련이 요구됩니다.

2

거룩한 공회 - 그럼에도 불구하고 믿는 이유

당신의 삶에 묻은 사망의 바이러스는

꺼안고 털어줘야 할 선연한 상처.

무한으로부터 온 선물.

성령이 좌정하신 조용한 위로.

사도들은 "거룩한 공회를 믿습니다."라고 고백합니다. 거룩한 공회란 거룩한 모임을 뜻하는 것이기에 교회를 가리킵니다. 즉 사도신경의 이 고백은 '교회를 믿는다'라는 말이 됩니다. 하나님을 믿는다는 말은 우리에게 자연스럽지만, 교회를 믿는다는 말은 어딘가 어색하고 생소합니다. 교회가 곧바로 믿음의 대상은 아니기 때문입니다.

이 고백을 잘 이해하기 위하여 문장이 놓인 맥락을 살필 필요가 있습니다. "거룩한 공회를 믿습니다."라는 고백은 사도신경에서 두 개의 고백 사이에 놓여 있습니다. 바로 "성령을 믿사오며"와 "성도가 서로 교통하는 것" 사이입니다. 즉 교회에 대한 믿음은 성령과 성도를 떼어 놓고는 말할 수 없습니다. 교회의 거룩함은 성령의 거룩함으로부터 비롯되기에 우리는 교회를 믿을 수 있습니다. 그러므로 교회는 단순히 신자들의 모임이나 제도적 종교 조직이 아닙니다. 교회는 삼위일체 하나님의 자기 계시와 사랑의 관계가 역사 속에서 구체적으로 구현된 '몸'입니다. 성육신한 그리스도의 몸이 십자가와 부활을 통해 깨뜨려지고 다시 살아났다면, 그 부활한 몸은 더 이상 한 개인의 물리적 육체에 국한되지 않습니다. 오히려 그리스도의 영, 곧 성령이 임하신 이후, 믿는 자들의 공동체 전체가 그리스도의 몸이 되었습니다. 그리스도의 몸 된 교회는 실재적이고 관계적인 몸— 곧 삼위일체의 생명에 참여하는 살아 있는 유기체로 서게 됩니다.

삼위일체란 단순히 세 인격이 함께 있다는 뜻이 아니라, 관계 안에서 존재하는 사랑의 구조를 뜻합니다. 성부와 성자는 성령 안에서 서로를 완전히 향유하고 비워주는 순환적 자기 증여의 관계이며, 이 관계는 폐쇄된 내부가 아니라 외부로 흘러나오는 초월적 환대의 운동입니다. 교회가 삼위일체 하나님의 '몸'이라는 것은, 이 진리와 사랑의 흐름을 공동으로 살아내는 몸이라는 뜻입니다. 그러므로 교회는 한 개인이 신앙생활을 성실히 하는 곳이라는 의미를 넘어, '함께 있음'의 진실한 구조 속으로 들어가는 진리의 실천 공간입니다. 인간은 언제나 자신을 중심으로 세계를 해석하고자 하지만, 삼위일체적 몸으로서의 교회는 각 개인이 '전체 안에서의 지체'로 살아가면서 동시에 '타자를 위한 존재'가 되는 자기부정의 훈련이 요구됩니다. 교회는 결국, 내가 중심이 아니라 그리스도의 몸으로서의 소명과 타자를 향한 구원의 개방성으로만 나 자신이 되는 존재 방식—곧 타자 안에서 나를 발견하는 진정한 생명 공간입니다.

이러한 관점에서 볼 때, 교회는 '하나님의 나라'가 완성될 미래를 선취적으로 살아내는 곳입니다. 각 지체가 다른 역할을 하면서도 서로를 필요로 하고, 서로를 통해 자기를 실현하는 이 공동체는, 삼위일체의 사랑이 시간 속에서 가시적으로 구현된 형태이며, 하나님 나라의 공동 존재를 만들어 가는 성령의 장입니다. 교회의 역사를 짚어보면 그 시작은 바로 성령의 임재였습니다. 예수님을 따르는 제자들이 있었지만, 성령이 임하신 후에야 비로소 교회가 세워졌습니다. 거듭 말하지만, 교회는 성령님의 역사입니다. 예수님이 승천하실 때까지도 제자들은 이스라엘의 독립에만 정신이 팔려있었습니다행 1:6. 그러나 성령을 받으면서 제자들은 복음을 전하기 시작했고, 예수님의 증인이 되었습니다. 따라서 교회의 거룩함은 사람의 선함이나 결심이 아니라, 성령께서 거하시고 일하시는 자유로움 안에서만 성립됩니다.

에베소서 2장 22절은 교회를 '성령 안에서 하나님이 거하시는 처소가 된 사람들, 그리고 그리스도 예수 안에서 함께 지어져 가는 사람들이 있는 곳'이라고 말합니다. "너희도 성령 안에서 하나님이 거하실 처소가 되기 위하여 그리스도 예수 안에서 함께 지어져 가느니라"엡 2:22. 성도들은 그분이 거하실 처소가 되기 위해 함께 지어져 가는 존재입니다. 역으로 하나님께서 편안하게 거하시는 처소 된 사람이 없다면 그곳은 아무리 많은 사람이 있어도 교회가 아닙니다. 그래서 교회에서 가장 중요한 핵심 요소는 하나님이 거하실 수 있는 처소입니다. 그 처소는 성령께서 임재하시기에 편하고 자유로운 상태여야 합니다.

> 많은 이들이 몰려있는 정치무대도
> 특별한 특권층이 모여 있는 멋진 파티장도
> 욕망이 제거된 회색빛 수행 장도 아닌
> 여기는 하나님의 집.

성령은 먼저 교회 안에 하나님의 구속 사건을 거듭하여 적용하시며, 이 시간의 깊이 속에서 하나님의 일을 기억하고, 재현하며, 향유합니다. 예배와 성찬은 시간 안에서 '카이로스'를 재현합니다. 또한 교회력은 성령 안에서 시간을 신성한 리듬으로 엮어내어 구원의 사건을 현재화합니다. 성령은 그 시간에 거하시며, 교회를 하나님 나라의 전초기지로 바꾸십니다.

거룩한 교회의 또 다른 중요한 특징이 있습니다. 바로 서로 사랑하게 된다는 것입니다. 교회는 삼위일체적 사랑의 흐름에 참여하는 '몸'입니다. 삼위일체 하나님은 그 자체로 영원한 공동체이며, 완전한 사랑의 관계입니다. 성부는 성자를 낳고, 성자는 성부께 자신을 돌려드리며, 이 상호적 자기 증여는 성령이라는 형태로 완성됩니다. 교회는 성령 안에서 사랑, 책임, 참여의 구조로 하나가 되어 존재합니다. 성령은 인격적 교제와 공동체적 성숙으로 인도하며, 용서와 화해, 차이와 갈등 속에서도 '한 성령 안에서' 다양성을 연결하게 하십니다고전 12. 또한 교회는 자기 안에 머무르지 않고, 이 하나님 나라의 관계망을 세상 속으로 확장합니다. 갈등 속 화해, 차이 속의 일치, 자아의 포기와 공동체의 형성은 성령의 사역이며, 관계의 무너짐을 다시 삼위일체적 사랑으로 엮으십니다. 성령은 인간관계를 회복시키고 교회는 성령이 내주한 이들이 함께 만들어 가는 사랑의 실험실입니다.

사람들 사이에는 아무리 노력해도 하나가 될 수 없는 벽이 있습니다. 아무리 노력해도 다른 사람을 완전히 이해할 수 없고, 그 사람의 입장이 될 수도 없습니다. 그러나 성령께서 오실 때는 막힌 담이 무너집니다. 죄인인 우리와 의義 자체이신 하나님이 하나가 되듯이 사람과 사람이 하나가 되는 기적이 일어나게 됩니다. 하나님과 사람 사이에서 원수 맺었던 관계들이 화해됩니다. 이 놀라운 역사가 일어나는 곳이 교회입니다. 거룩한 성령이 하시는 일입니다. 이 사랑이 있는 곳에는 해방이 있습니다. 성령이 우리에게 오실 때, 우리는 사랑할 수 없었던 모든 이유로부터 자유로워집니다. 성령께서 자유의 영이라고 불리시는 까닭도 여기에 있습니다. 성령께서 오실 때 사람들은 인식의 감옥에서 해방됩니다. 우리의 사고방식은 결코 스스로 형성된 것이 아닙니다. 어릴 때부터 받았던 교육이나 사회 규범, 그리고 자기가 속한 계층이나 성별 속에서 생각의 틀이 지어집니다. 그 틀을 벗어나 다른 생각을 하기란 매우 어렵습니다. 사람들이 서로 이해하기 어려운 이유는 이 인식의 감옥, 자아의 상과 이미지에 갇히기 때문입니다. 그러나 사랑의 하나님이 오실 때 그 벽이 무너집니다.

문제는 종결되었다.
감옥에도 빛이 비칠 수 있다는 것을
감옥에도 벽이 사라질 수 있다는 것을
알려주는 유일한 장소.

이 거룩함은 자연스럽습니다. 성령님이 깊이 사랑하시는 사람은 부드럽고 연약한 마음을 가진 사람입니다. 서로 편안하다는 것은 마음이 잘 맞는다는 뜻입니다. 아무리 좋은 사람이라도 늘 설명해야 하고, 긴장되고, 풀어야 할 문제가 많다면 함께 하기가 어렵습니다. 별말이 없어도 서로에게 스며들고, 함께 같은 공간에 있는 것이 어색하지 않은 사람과는 벽이 느껴지지 않습니다. 예수님께서 세상에 오셔서 하신 일이 이렇게 벽을 허무신 일입니다.

초대교회는 이 벽들을 허물어서 거룩한 교회가 되어갔습니다. 당시 유대인과 이방인은 서로를 철천지원수로 여기며 식사조차 같이하지 않았습니다. 당시 유대인들은 이방인들을 불지옥의 땔감 정도로 여겼습니다. 그러나 사도 바울은 성령이 주님 안에서 유대인과 이방인을 하나 되게 하셨다고 선포합니다. 복음은 지옥에 떨어져도 마땅한 사람들과 거룩한 사람들이 하나 되게 합니다. 예수께서 십자가로 다리를 놓으시고 성령님께서 역사하심으로 원수의 벽이 무너졌습니다. 이러한 역사가 없었다면 우리는 교회를 결코 거룩하다고 할 수 없었을 것입니다.

또한 교회의 거룩함은 영원한 생명과 그 생명을 전하는 데서 드러납니다. 생명을 전하지 않는 교회는 거룩하지 않습니다. 육신이 기능하고 있으면 살아 있는 것일까요? 생명은 그보다 더 큰 차원을 담지하고 있습니다. 강은 개체가 아니지만 생명이 흐르고 있습니다. 물고기나 박테리아 같은 작은 개체들이 살아 있을 수 있도록 품고 있는 큰 생명의 차원이 강입니다. 이렇듯 생명은 서로 단절되지 않고 더 큰 차원의 생명과 연결됩니다. 십자가는 죽음과 사망의 힘을 무력화시키는 생명의 문이며, 교회는 이 생명의 역사를 이어가는 곳이기에 거룩합니다. 이 교회의 거룩함은 사도들과 선지자들의 삶 위에서 지켜지고 안전해집니다엡 2:20. 겉으로는 고난과 천대를 받는 자리였지만, 하나님은 이 터를 가장 안전한 곳이라 부르십니다. 교회는 바로 이 생명을 지키고 전하기 위해 피 흘린 사도들과 선지자들의 뜻과 정신 위에 세워진 곳입니다. 이 터 위에 세워진 생명의 교회는 결코 거룩함으로부터 단절되지 않습니다.

이 고백 안에서 우리는 교회들을 다시 봅니다. 교회는 제도나 교인의 수로 설명될 수 없습니다. 성령에 민감하고, 진리를 위해 고난을 달게 받는 이들의 공동체가 참 교회입니다. 우리는 성령과 말씀 가운데 그리스도의 통치를 살아내는 거룩한 공동체를 믿습니다. 공교회는 단일한 제도나 교단이나 협의회가 아닙니다. 말씀과 성령 안에서 그리스도의 사랑과 진리를 증언하는 숨겨진 생명의 그물망입니다. 하나님께서 안전하다고 여기시는 교회, 성령께서 임재하시고 또 진리를 위해 위험과 고난을 달게 받은 사도들과 선지자들의 삶 위에 교회는 거룩한 공회가 되었습니다. 가장 거룩한 교회는 사람들이 그저 하나로 뭉친 곳이 아니라, 늘 새롭게 바람처럼 움직이시는 성령에 민감한 사람들이 하나 된 곳입니다.

따라서 거룩한 공교회는 말씀과 성령을 통하여 그리스도의 통치를 살아내는 공동체입니다. '거룩함'은 무흠이나 죄 없음을 뜻하지 않으며, 오히려 성령께서 자신의 거룩함을 공동체 안에 창조적으로 현존시키는 일입니다. 교회는 하나님의 계시 안에서 성령과 동행함으로 함께 거룩해지는 의미화의 장場입니다. 교회는 그 자체로 완성된 실체가 아니라 계속 말씀 속에서 자기 정체를 거룩함으로 열어가는 곳입니다. 그러므로 "거룩한 공교회를 믿는다."라는 고백은 하나님께서 여전히 이 교회 안에서 말씀하시고 역사하신다는 믿음의 표현입니다. 하나님의 교회를 향한 사랑의 의지를 신뢰하면서 교회를 향한 믿음에 자신을 드릴 수 있도록 기도하십시오. 성령의 임재 가운데 그 빛을 따라 영원한 생명에 참여할 수 있도록 자신을 거처로 내어드리십시오.

교회는 신적 생명에 참여하는 장소입니다. 예수 그리스도가 성령으로 다시 오신 것은 우리로 하여금 하나님의 생명에 참여하도록 하기 위함입니다. 생명의 참여는 단지 지식이나 교리로 되지 않습니다. 이 일은 기도, 침묵, 출애굽, 절제, 생성과 창조, 공동체적 삶을 통해 성령의 이끄심에 응답하는 존재적 전환을 통해 이루어집니다. 교회는 이런 전환의 공동체이며, 각 개인이 삶의 '틈' 속에서 변화되어 가는 영적 신비의 장입니다. 공동체로서의 교회는 예배의 처소인 동시에 자기부정과 사랑의 훈련장입니다. 공동체 안에서 일어나는 순종과 경청, 섬김을 통해 자아가 깨어지고 타자 안에서 하나님을 만나는 삶은 그 자체로 살아 있는 그리스도의 몸-되기 과정입니다. 이는 바로 삼위일체적 관계, 곧 '서로 안에 거하는 신의 사랑 방식'을 지상에서 훈련하고 실현하는 여정이기 때문입니다. 성령이 인도하시는 공동체는 인격적 수련의 장이자 영혼의 확장 공간이며, 자기 초월과 타자 수용을 위한 자기부정이라는 리듬 속에서 참된 존재의 변화를 가능케 합니다.

"거룩한 공회를 믿습니다."라는 고백은 지금도 여전히 우리 가운데 거하시고 역사하시는 신실하신 하나님을 향한 믿음의 선언입니다. 교회는 삼위일체의 사랑이 시간과 공간 속에서 드러나는 곳이며, 사랑과 수용, 자기비움과 참여의 신적 존재 방식을 구현하는 실존적–영적 공동체이기 때문입니다. 교회는 그리스도의 몸일 뿐 아니라, 그 몸이 성장하고 거룩해지는 과정이며, 그 중심에는 새사람으로 깨어나 삼위일체 하나님의 관계적 존재 방식에 대해 깊이 응답하면서 성장하는 이들이 자리하고 있습니다. 우리는 그 교회를 믿습니다.

존재와 실존의 만남

"거룩한 공교회를 믿습니다."라는 고백은 신앙이 단순히 개인
적 체험에 머무르지 않는다는 것을 보여준다. 교회는 신자들의
모임이나 제도적 조직을 넘어서, 하나님이 성령 안에서 자신을
드러내시는 살아 있는 몸이다. 바르트는 『교회 교의학 IV/2』
에서 교회를 이렇게 정의한다.

> 교회 공동체는 예수 그리스도의 직접적 가시성으로부
> 터 시작하여, 다시 그 가시성을 향해 나아간다. 왜냐하
> 면 예수 그리스도는 교회 가운데 보이지 않는 방식으
> 로 살아계시며, 자신의 성령을 통해 교회 공동체의 살
> 아 있는 머리로 존재하시기 때문이다.[1]

바르트에게 교회는 그리스도의 몸이기에 거룩한 곳이다. 예수

---

[1] Barth, Karl. *Church Dogmatics, Volume IV: The Doctrine of Reconciliation, §§61-63.* Edited by G. W. Bromiley and T. F. Torrance. Edinburgh: T&T Clark, 2009, 214.

그리스도의 직접적 가시성으로부터 시작한다는 것은 교회의 기원을 역사적 예수 그리스도의 실재에 두고 있음을 의미한다. 즉, 교회 공동체는 어떤 사상이나 제도가 아니라 구체적인 역사 안에 육화된 하나님, 곧 예수 그리스도의 삶과 사역에서 출발한다는 것이다. 예수 그리스도는 교회 가운데 보이지 않는 방식으로 현존하신다. 육체적으로는 더 이상 '가시적'이지 않지만, 그분은 여전히 교회의 머리로서 실질적으로 거하시며 활동하신다. 예수 그리스도의 부재는 성령을 통한 임재로 전환된다. 한편, 틸리히는 교회를 역사와 실존 안에 새 존재가 현존하는 공동체로 이해하며, 『조직신학 3권』에서 이렇게 말한다.

> 새로운 존재는 새로운 존재의 공동체 안에서 공간적 폭을 지니며, 새로운 존재의 역사 안에서 시간적 차원을 가진다. 그리스도가 한 개인 안에서 나타났다는 것은, 그가 태어난 공동체와 그가 새롭게 창조한 공동체

를 전제하고 있다.[2]

틸리히에게 "새로운 존재"new being는 단순한 도덕적 변화가 아니라, 존재의 질 자체의 전환을 의미한다. 이 새로운 존재는 개인 내부에서만 발생하는 내면적 체험이 아니라, 공동체 안에서 실현되는 실존의 방식이다. 틸리히는 공간을 단지 물리적 차원이 아닌 관계적 맥락으로 이해하며, "공간적 폭"은 새로운 존재가 공동체적 관계 안에서 확장되고 실현됨을 의미한다. 즉, 구원은 개인화될 수 없는 관계적 실재이며, 새로운 존재는 반드시 타자와의 교제를 통해 자기 존재의 넓이를 경험한다는 것이다. 또한 이 새로운 존재는 단지 한순간에 완결되는 것이 아니라, 역사 안에서 점진적으로 드러나고 실현되는 사건이다. 교회는 은혜가 인간 실존 안에 작용하고 있음을 보여주는 상징적 현실이며 존재의 변형을 위한 장소다.

---

2 Tillich, Paul. *Systematic Theology, Volume II: Existence and the Christ.* Chicago: University of Chicago Press, 1957, 136.

그러므로 "거룩한 공교회를 믿습니다."라는 고백은 인간의 연약함과 죄에도 불구하고 하나님께서 이 공동체 안에 살아 역사하시며, 성령의 사람들을 통해 지속적으로 새 존재를 이루어가신다는 신뢰의 선언이다.

성도의 교통은 상호 간에 마음이 통하는 정도의 교
제가 아닙니다. 문제 해결을 위해 서로 애쓰고 협력
하는 차원도 아닙니다. 이는 차원을 초월하여 하늘
과 땅, 시간과 공간을 넘어 확장되는 생명의 영의 거대
한 연결망을 통한 신비한 사랑의 교통입니다. 우리는 결
코 혼자 있는 것이 아닙니다! 그리스도인이 된다는 것
은 이렇게 보이지 않는 깊고 광대한 생명의 차원에 눈
을 뜨고, 그 소통의 감각이 열리는 것을 의미합니다.

3

성도의 교제 - 거룩한 관계의 리듬 학교

조명은
금 가고 일그러진 상한 삶을 사랑할 줄 아는
이들에게 비추인다.
궁궐이 아니어도
자기를 초월하고 부정하는 이들이
작은 씨앗 하나도 소중히 생명의 말씀으로 키워내는 곳.

"성도의 교제를 믿습니다."라는 고백은 신앙의 본질을 더욱 구체화하는 진술입니다. 현대 영성은 더 이상 단지 개인의 내면적 신앙 경험을 의미하지 않습니다. 참된 신앙은 인간 존재의 전 체계를 포함하는 관계적, 통전적, 그리고 육화된 하나님의 경험을 의미합니다. 이에 따라 '성도의 교제'는 하나님의 존재 방식에 참여하는 삶의 방식 자체로 새롭게 이해되어야 합니다. 삼위일체 하나님의 존재 방식은 자기중심성을 넘어 타자에게 열려 있는 거룩한 교제를 이해하는 토대입니다. 하나님의 존재 방식과 사랑이 '살아 움직이고 생성하는 관계'로 번역될 때, 우리는 교회가 무엇인지 이해하게 됩니다. 이때 성도의 교제는 삼위일체 하나님의 순환적 사랑이라는 본질적 생명 에너지의 흐름에 참여하는 일입니다. 이 '관계적 리듬 학교'는 우리를 삼위일체적 존재 방식—곧 자기비움, 타자 수용, 생명 흐름에의 참여—을 훈련하고 살아내는 영적 공간으로 초대합니다. 이 교제는 '초월의 신비에 접속하는' 이들의 존재 방식이면서도, 그 초월의 신비는 일상의 사소함과 구체적인 타자와의 감응적 접촉 속에서 현존합니다. 이 영성적 관계는 '침묵과 주의 깊은 응시, 내면의 관조와 통찰적 직관' 속에서, 하나님과 만나는 현존의 훈련 속에서 탄생합니다. 거룩한 관계의 공동체는 초월적 신비가 상처받은 이들과 동행하는 여정 속에서 깨어 있는 공동의 몸입니다.

교회는 완벽한 사람들의 집합소가 아닙니다. 이곳은 상처 입은 자들이 서로의 고통을 감싸안으며 그 고통이 생명의 용광로에 용해되는 진리의 공간입니다. 예수의 십자가에서 드러난 몸의 파열이 부활로 이어졌다는 신학적 진리는 이 공간 안에서 인간의 상처받은 실존과 연결되며 해석되는 중요한 전환점을 이룹니다. 그 연결 안에서 성도의 교제는 상처의 회피나 동병상련의 위로가 아니라, 상처를 통한 신비의 접속이라는 역설적 장소가 됩니다. 성도의 교제란 이렇게 성령 안에서 이루어지는 새로운 차원의 영적 생명 연대를 뜻합니다.

결론적으로, 교회는 삼위일체 하나님의 존재 방식—서로 안에 거하고, 서로를 위해 자신을 내어주는 순환적 사랑—을 역사 안에서 살아내는 공동체이며, 성도의 교제는 이 존재의 깊이를 회복하고, 타자와 하나님을 동시에 만나는 영적 전환의 장 안에서 일어납니다. 이 교제가 살아 있는 교회는 이제 더 이상 특정 공간이나 제도에 갇힌 몸이 아니라, 삼위일체의 에너지 안에 있는 살아 있는 몸입니다.

이러한 성도의 교통은 상호 간에 마음이 통하는 정도의 교제가 아닙니다. 문제 해결을 위해 서로 애쓰고 협력하는 차원도 아닙니다. 이는 차원을 초월하여 하늘과 땅, 시간과 공간을 넘어 확장되는 생명의 영의 거대한 연결망을 통한 신비한 사랑의 교통입니다. 우리는 결코 혼자 있는 것이 아닙니다! 그리스도인이 된다는 것은 이렇게 보이지 않는 깊고 광대한 생명의 차원에 눈을 뜨고, 그 소통의 감각이 열리는 것을 의미합니다. 역사의 심연과 존재의 근원에 이르는 거대한 생명의 흐름 속에서, 수천 년 동안 신앙의 길을 걸어온 믿음의 조상들, 그리고 하늘에 거하는 천사들과 성도들과 성령 안에서 연결되어 하나님의 뜻을 이루어 갑니다.

> 믿음의 조상 아브라함이 본 별.
> 자기 몸 태우며 서로를 비추는
> 생명의 이치 아는
> 저 별들이 함께 있어.

그래서 하나님과 소통하려면 우리의 영이 생명으로 살아 있어야 합니다. 하나님은 살아계신 분이며, 산 자의 하나님이시기 때문입니다. 이 성도들의 소통은 단순한 인간적 교류를 넘어 생명의 영Spirit of Zoe 안에서 삼위일체 하나님의 관계 속에 참여하는 교제입니다. 사도 바울은 이를 다음과 같이 증언합니다.

우리가 한 성령으로 말미암아 한 몸이 되게 하심을 받

았나니 고전 12:13

여기서 "한 성령"은 개별 성도를 넘어, 공동의 생명을 일으키고
소통으로 하나 되게 하는 원천입니다. 성령 안에서 성도들은
각자의 경계를 넘어, 서로를 향해 열리고 수용하는 참여적 관
계를 형성합니다. 이 소통은 존재의 깊은 차원에서 서로를 살
리고 자유롭게 하는 생명의 주고-받음입니다. 성령 안의 소통
을 통해 성도들은 거룩해지며, 이 거룩함의 정체는 생명의 흐
름을 가로막고 있는 장애와 어둠의 벽을 허물고 진리와 사랑으
로 연합하는 힘입니다. 서로의 마음 안에 깊이 연결되게 하는
삼위일체적 관계 안으로 들어가는 힘입니다.

아버지여,

아버지께서 내 안에,

내가 아버지 안에 있는 것 같이 그들도 다 하나가 되어

우리 안에 있게 하사 세상으로 아버지께서 나를 보내신

것을 믿게 하옵소서 요 17:21

성령 안에서 성도들은 삼위일체적 사랑의 소통과 연합에 참여합니다. 성령은 성도들을 하나님 안에서, 서로의 생명 관계 안에서 상호 내주하도록 이끕니다. 그 열매는 강력한 평강입니다. 성도의 교제는 이러한 성령의 하나 되게 하심을 힘써 지키는 데서 지속됩니다.

이 공동의 몸, 성도의 교제가 일어나는 중요한 기반이 있습니다. 첫 번째, 진리의 소통입니다. 오늘날 '소통'이라는 단어는 주로 심리학적 접근을 연상시키는 경향이 있습니다. 그러나 성도들의 소통은 하나님께로부터 새 생명을 부여받아 거룩하게 된 존재들로서의 교제라는 본질적 전제 위에 서 있습니다. 이 생명의 교통은 각자의 내면에서도 일어납니다. 베드로가 거룩할 때는 자신의 내면이 하나님의 영과 연결되어 있었을 때였습니다. 그때 베드로는 예수께서 그리스도이며 살아계신 하나님의 아들이라는 것을 알아보았습니다. 그런데 그가 하나님의 영과 소통하지 않고 인간적인 생각에 매여 있을 때는 하나님의 뜻과는 정반대로 말하고 행동합니다. 그때 베드로는 예수께서 절대 십자가를 지면 안 된다고 주장합니다. 예수님은 그런 베드로에게 "사탄아 내 뒤로 물러가라"라고 말씀하십니다마 16:23. 베드로는 의리와 온정으로 관계하고 있는 것처럼 보였으나, 실상은 사단의 영과 소통하고 있었다는 것이지요.

베드로는 이것을 몰랐습니다. 예수님에 대해 안타깝고 울분 어린 마음만 갖고 있었습니다. 그러나 예수님이 로마 병정들에 의해 끌려가셨을 때, 정작 베드로는 자기도 체포될까 두려워 끌려가는 예수님의 뒤를 몰래 따라갑니다. 두려움의 영과 계속 소통하면서 말입니다. 심지어 베드로는 잘 알지도 못하는 하녀까지 두려워합니다. 하녀가 베드로를 가리켜 "당신도 그 무리 중의 하나가 아니냐?"라고 묻자, 베드로는 두려워서 손사래를 쳤습니다. 절대 그렇지 않다고 세 번이나 강력하게 부인하면서 말입니다마 26:75. 이때의 베드로는 거룩한 영과 소통하는 상태가 아니었습니다. 세상보다 큰 성령이 베드로에게 아직 임하지 않았기 때문입니다.

그러니 거룩한 교제는 생명의 관계로부터 오는 것입니다. 세상을 초월한 성령과 소통할 때 베드로는 그 누구보다 거룩하고 용감합니다. 사람들 앞에서 두려워하며 숨어 있던 베드로는 성령을 받은 후 사람들 앞에 자신을 드러내어 영으로 소통하기 시작합니다. 그 결과 오천 명이 회개하는 역사가 일어났습니다 행 4:4. 어떻게 이런 일이 가능했을까요?

베드로 앞에는 다양한 사람들이 서 있었습니다. 대부분은 베드로에게 별로 우호적이지 않은 사람들이었습니다. 그런데도 베드로는 사람들과 무슨 이야기를 어떻게 소통해야 할지에 대해 먼저 집중하지 않았습니다. 베드로가 먼저 소통한 것은 사람이 아니라 생명의 영이신 성령님이었습니다. 성령을 받은 후 베드로는 사람들 앞에서 담대히 말하기 시작합니다. "너희와 모든 이스라엘 백성들은 알라 너희가 십자가에 못 박고 하나님이 죽은 자 가운데서 살리신 나사렛 예수 그리스도의 이름으로 이 사람이 건강하게 되어 너희 앞에 섰느니라"행 4:10. 이어서 베드로는 이스라엘 백성들이 거룩하고 의로운 이를 거부하고 살인한 자를 놓아주기를 원했으며, 예수 그리스도의 이름을 통하지 않고서는 아무도 구원을 받을 수 없다고 선포합니다. 베드로는 이스라엘 백성들의 실상을 밝히 드러내면서도 두려워하지 않습니다. 성령과 소통하고 생명의 영에 사로잡힌 베드로는 자기 앞에 있는 사람들의 시선보다 그들 안에 존재하는 깊은 갈망과 소통하기 시작했습니다.

오천 명이나 되는 사람들을 회개시킨 베드로의 설교는 진리의 영이신 성령의 소통으로부터 탄생한 것입니다. 그는 사람들의 진실에 대해 적나라하게 밝히는 동시에 예수 그리스도가 누구인지에 대해 드러냅니다. 그때 백성들 가운데서 회개가 일어나고, 성령으로 하나가 되는 소통이 일어납니다. 하나님과 사람 사이에서 예수 그리스도가 누구인지 알게 될 때 일어나는 일이 바로 진리의 소통입니다. 역으로, 이 관계가 명확하지 않다면 생명의 소통은 이루어지지 않습니다. 사람들은 자신이 무엇을 했는지 무지했으며 예수 그리스도가 누구인지도 몰랐습니다. 베드로가 그렇게 명확히 밝히지 않았다면 이 깨달음은 평생 일어나지 않았을 것입니다. 베드로와 같은 사람들이 우리의 삶 곳곳에 있기에 우리는 하나님께로 더 가까이 갈 수 있습니다. 우리가 지금 하나님과의 관계에서 어떤 모습인지, 예수 그리스도가 우리를 위해 어떤 연결자가 되어 주셨는지, 빛을 밝혀주는 사람들이 있기에 하나님께 더 나아갈 수 있습니다.

베드로의 설교를 듣고 회개한 사람들은 성령으로 소통하고 성령으로 하나가 되었습니다. 그 모습을 보고 로마 관리들과 유대 장로들은 야단법석을 떨었습니다. 두려웠기 때문입니다. 베드로의 설교를 듣고도 그곳에 있던 모든 사람이 하나가 된 것은 아닙니다. 사도 베드로의 설교도 모두를 회개시키지 못했으니, 우리 삶에서 하나가 되지 못한 사람들을 만나는 것을 너무 이상히 여기지 마십시오. 성령으로 소통하고 선포한 후에 우리가 할 수 있는 것은 하나님께 맡기는 일입니다. 사도 바울을 생각해 보십시오. 스데반이 목숨을 바치면서까지 설교했을 때에도 바울은 그가 무슨 말을 하는지 깨닫지 못했습니다. 스데반을 돌로 쳐 죽이면서도 아무런 양심의 가책을 느끼지 못했습니다. 그러나 스데반의 죽음은 바울의 무의식 안에서 큰 영향을 주었습니다. 마침내 때가 왔을 때 바울은 성령과 소통하였으며 대전환을 이루는 회개가 일어났습니다.

그러니 우리가 해야 할 일은 먼저 진리의 성령과 정확히 소통하는 일입니다. 사람과의 관계나 시선을 의식하기 전에 성령의 마음과 먼저 소통되어야 합니다. 교회도 마찬가지입니다. 교회가 하나되기 위해서는 성령의 소통 가운데 마음의 폐부를 찌르는 진리의 증거자들이 세워져야 합니다. 마음에 성령의 등불을 비출 수 있는 지도자들이 있어야 교회가 바로 설 수 있습니다. 선한 척하고 사람을 위하는 척하면서 실은 그 안에 아무 내용도 담기지 않은 소통이 아닌, 영혼이 반응하는 말씀이 필요합니다. 우리의 말들은 진실로 이런 마음을 담고 있나요? 혹은 이렇게 하지 못하도록 두려움을 일으키는 것은 무엇인가요?

성령으로 관계하는 사람은 상대방의 방어나 자아의 벽을 넘어 그 영혼과 소통할 수 있게 됩니다. 그때 진정한 소통을 가로막는 찔림의 영역이 발견됩니다. 마음의 모든 가림과 왜곡이 사라질 때 비로소 하나가 됩니다. 그 관계 안에서 우리는 성령과 소통하는 다른 성도들과 연결됩니다. 영혼의 눈으로 하나님의 역사를 바라보게 되고, 예수 그리스도가 행했던 일들이 우리의 마음 안에서 일어나고 있다는 것을 알게 됩니다. 그때 삶이 변화됩니다. 전에 좋다고 생각하거나 혹은 꺼리던 것들이 점점 흐려지고, 이제는 하나님의 마음을 닮아가기 시작합니다. 자연히 세상을 바라보는 시선도 변합니다. 하녀를 두려워했던 베드로처럼 자신 안의 두려움에 짓눌려 있던 사람들이, 세상과 소통하고 생명의 영을 전하는 데 거침이 없을 것입니다. 사람들의 영혼을 일으켜 세우는 그 빛이 세상의 위협과 상대도 되지 못함을 알고 있기 때문입니다.

> 생명의 영이 오실 때
>
> 그렇다, 너도 나도
>
> 실은 이렇게 살고 싶었음을 알게 된다.

성도의 교제가 일어나는 두 번째 기반은 영성 지도Spiritual Guidance와 우정 어린 수용입니다. 이는 성도들이 '삼위일체의 몸'으로 존재하고 교제하기 위한 영적 핵심이기도 합니다. 성도들의 교제는 새사람의 새로운 정체성, 즉 에고의 자기중심성을 벗어나는 자기 초월Self-Transcendence과 깊은 연관이 있습니다. 영성 지도의 핵심은 고착된 자아 인식을 깨뜨려 자기 너머의 차원을 인식하게 하는 것입니다. 고착된 애굽의 세계에서 탈주

하여 진정한 자기를 만나도록 깨우는 것입니다. 교회는 이러한 자기 초월의 길을 공동체적으로 걷는 훈련장이며, 각 사람은 '혼자만의 구원'이 아닌 관계적 구원의 공동체로 초대받습니다.

그러므로 진정한 자기는 '내가 무엇을 원하는가'를 주장하기보다, '하나님이 타자를 통해 혹은 타자와의 관계 속에서 나에게 무엇을 말씀하시는가'를 경청합니다. 교회는 이 관계의 수용성을 공동 실천의 장으로 확장시킵니다. 이는 예배, 경청, 증언, 고백, 용서와 같은 구체적 관계 행위를 통해 구현되며, 절대 타자의 절대 말씀으로부터 아주 작은 자의 탄원에 이르기까지 말과 침묵, 상처와 영광, 갈등과 용서의 전 과정을 통해 하나님을 만나는 방식입니다. 함께 가는 길벗으로서의 성도의 교제는 서로에게 숨겨진 보석을 바라보고 감탄합니다. 때로 갈등을 빚기도 하지만, 용서와 사랑의 모든 여정이 성령께서 심어 놓으신 보석을 함께 찾아가는 보물찾기의 과정입니다.

이 여정은 삼위일체 안에서 끊임없이 갱신되며 흐르는 생명의 흐름입니다. 영성 지도는 이 흐름을 감지하고 몸을 맡기는 존재의 감각을 일깨웁니다. 교회는 이 흐름을 공적으로 감지하고 분별하며 영적 민감성을 훈련하는 장소가 됩니다. 이는 전통적으로 '영 분별Discerning of Spirits'이라 불렸으며, 오늘날에는 공동체적 관계 사이에 흐르는 리듬의 조율로 재해석됩니다. 기도, 침묵, 말씀 묵상, 감정 인식, 방어기제 인식, 공동체의 활동, 사회적 행동 등, 모든 활동은 삼위일체의 흐름에 응답하는 방식으로 구성되어야 합니다. 성도의 교제는 이 응답, 즉 하나님께서 먼저 나를 받아들이신 동일한 은혜 안에서 서로를 수용하는 것으로부터 시작됩니다. 성령은 하나님과 인간, 인간과 인간 사이에 새로운 생명의 공동체성을 창조하는 인격적인 힘입니다. 그러므로 성도들의 친교는 생명의 영이 역사하는 공간이며, 죽음과 단절을 극복하고, 생명과 연합을 가능케 하는 소통의 기적입니다. 그것은 생명의 영 안에서 끊임없이 이루어지는 삼위일체적 신성에로의 참여이기 때문입니다. 이러한 성도들의 교제는 계속해서 교회를 새롭게 창조하고, 세상 가운데 생명의 공동체로 드러나게 합니다.

성도의 교제는 단순히 함께 존재함을 넘어, 타자의 존재를 그리스도 안에서 새롭게 인식하고 변화시키는 은총으로 작용합니다. 이 고백은 하나님이 맺으신 관계의 현실성을 신뢰하며 그 속에서 소통하고 교제하며 생명을 낳는 사랑의 관계로 살아가겠다는 결단입니다. 이는 하나님의 은혜에 의해 가능해진, 서로를 향한 수용입니다. 이러한 영성이 살아 있는 공동체는 성령에 민감한 유기체로 재구성됩니다. 이러한 공동체 안에서 영성지도자는 단지 경험 많은 안내자가 아니라, 삼위일체의 리듬에 먼저 민감해진 자, 그래서 공동체가 하나님의 흐름에 귀 기울이도록 도와주는 공적 감각의 매개자, 함께 그 길에 동행하며 해석해 주는 길벗이 됩니다. 결국 교회는, 성도의 교제를 통해 삼위일체 하나님의 자기비움, 수용, 상호 내재의 삶을 지속적으로 연습하고 살아내는 유기체적 몸이 되어갑니다.

> 평안의 매는 줄로 성령이 하나 되게 하신 것을
> 힘써 지키라 엡 4:3

성도들의 소통은 이처럼 성령께서 일으키신 평화와 생명의 교제를 구체적으로 살아내는 것입니다. 이러한 성도의 교제야말로 거룩한 교회가 존재하는 핵심입니다. 이 교제는 교회 내부를 넘어 타자에 대한 환대로 확장되며, 이 힘이야말로 교회와 세상을 치유하고 생명력 있게 회복시키는 증거입니다.

존재와 실존의 만남

바르트에게 성도의 교제는 인간적 취향이나 친밀감에 근거하지 않는다. 바르트는 『교회 교의학 IV/2』에서 성도의 교제를 이렇게 설명한다.

> 성도들이란 성령의 권능으로 모여든 사람들이며, 성령의 역사에 힘입어 그 역사에 부응하는 인간적 역사를 수행하도록 예정된 이들이다. 이들은 서로 간의 교제가 일어나는 가운데 살아 있고 행동하며, 또한 그렇기에 그 결속 안에서 서로를 위해 존재하고 행동한다.[1]

그것은 성령의 역사로 말미암아 은혜로 맺어진 창조된 관계로 구성되어 있다. 서로 다른 사람들이 아무런 이해관계 없이 하나님 안에서 새로운 형제 자매로 받아들여지는, 복음 사건으

---

1 Barth, Karl. *Church Dogmatics, Volume IV: The Doctrine of Reconciliation, §§67-69.* Edited by G. W. Bromiley and T. F. Torrance. Edinburgh: T&T Clark, 2009, 31.

로 맺어진 관계인 것이다. 한편, 틸리히는 성도의 교제를 소외를 극복한 존재들이 맺는 새 존재의 연대로 해석한다.

> 기독교 신앙의 모든 체계를 관통하는 하나의 대답은 바로 "예수는 그리스도, 곧 새로운 존재를 가져오는 이"라는 고백이다. 이 고백을 표현하는 방법은 다양하지만, 교회는 결코 이를 회피할 수 없다. 모든 교회는 이 고백 위에 서 있다. 이런 의미에서 교회란 예수를 그리스도로 고백하는 이들의 공동체라 할 수 있다. "그리스도인"이라는 이름 자체에 이 고백이 담겨 있으며, 이 고백은 각 사람에게 하나의 결단을 요구한다.[2]

틸리히에게 성도의 교제는 단순한 인간적 친근감이 아니라, 소

---

2 Tillich, Paul. *Systematic Theology, Volume III: Life and the Spirit; History and the Kingdom of God.* Chicago: University of Chicago Press, 1963, 174.

외를 극복하고 하나님 안에서 새롭게 받아들여진 존재들이 맺는 관계다. 이 교제는 타자를 조건 없이 받아들이는 하나님의 용납을 바탕으로 한다. 이 교제는 하나님의 용납을 경험한 인간들이 서로를 받아들임으로써 형성되며 그것은 새로운 존재의 실현이라고 할 수 있다. 그리스도를 그리스도로 받아들이는 자들이 없으면 그리스도는 그리스도가 아니듯이, 영적 공동체가 그리스도에게서 나타났던 새로운 존재 위에 세워지지 않으면 영적 공동체는 더 이상 영적 공동체가 아니다.[3]

그러므로 성도의 교제는 다른 형제를 자기 입맛에 맞추어 완벽하게 만들려는 시도가 아니다. 이는 서로를 하나님의 용납 안에서 그대로 받아들이는 실존적 수용의 공간이자 새로운 존재

---

3 Tillich, Paul. *Systematic Theology, Volume III: Life and the Spirit; History and the Kingdom of God.* Chicago: University of Chicago Press, 1963, 150.

를 가져오는 예수 그리스도로 말미암는다. 그러므로 "성도의 교제를 믿습니다."라는 고백은 하나님께서 우리를 먼저 받아들이셨기에, 우리도 서로를 받아들일 수 있다는 새로운 존재의 연대 선언이다. 우리를 받아주신 하나님의 생명 안에서 서로 소통하고 교제하며 생명 살림의 연대를 만들어 가는 것이다.

OUR
CRE
DO

5장

구속과 회복 | 미래를 꿈꾸다

용서받은 자는 더 이상 과거에 묶인 존재가 아닙니다. 그는 용서의 자리, 곧 새로운 생명의 자리, 은혜가 흐르는 자리에서 살아야 할 존재입니다. 그 자리란 단순히 죄를 용납받은 안정된 마음의 안식처가 아닙니다. 다른 이의 죄까지 품고 하나님 앞에 함께 나아가는 거룩한 기도의 자리입니다. 용서는 하나님의 본질이 우리 안에서 드러나는 삶의 방식이기 때문입니다.

1

죄를 사하여 주시는 것 - 칭의의 열매

그 일이 없다면
지금 우리는 이 자리에 없다.
죽은 것들이 사해져
생명의 자리에 있다는 놀라움.

사도신경에서 "죄를 사하여 주시는 것"은 그저 죄를 없는 것처럼 무효로 만든다는 뜻이 아닙니다. 용서는 종교개혁의 핵심이었던 칭의, 즉 의롭게 여겨주심을 믿는 믿음의 고백과 연결되어 있습니다. 예수님께서 십자가에 달리실 때 간구하신 용서의 기도를 떠올려 보십시오. "아버지, 저들을 용서하여 주옵소서. 저들은 자기들이 하는 것을 알지 못합니다."눅 23:34 이 기도로 인해 우리가 죄 사함을 받을 뿐만 아니라 의롭게 여김을 받을 수 있었습니다. 구원은 언제나 이 죄 사함의 은혜와 함께 찾아옵니다. 십자가 안에는 죄를 사하여 주시는 것과 의롭게 여겨주심의 은총이 함께 어우러져 있습니다.

'죄 사함'은 흔히 더러운 옷을 깨끗하게 세탁하거나, 주홍같이 붉은 죄가 흰 눈처럼 표백되는 이미지로 이해됩니다. 그러나 복음에서 말하는 용서는 단순한 정결이나 무흠이 아닙니다. 그것은 하나님께서 우리를 의롭게 여기시며 그분의 존재적 의義 안으로, 전적으로 받아들이시는 결단입니다. 그러므로 죄는 단지 도덕적 자범죄만이 아니라, 이 하나님의 사랑으로부터 도망치려는 자기 폐쇄이며, 죄 사함은 사랑의 품으로 돌아오는 존재의 귀환이 얻은 열매입니다. 인간은 세상에서 성공, 인기, 효율로 자기를 증명하려 합니다. 그러나 하나님의 칭의는 "너는 내 사랑하는 아들이다."라는 말씀을 통해 존재 자체를 조건 없이 수용 받는 깊은 내면적 전환을 경험하게 합니다.

이 죄 사함과 용서가 가장 극적으로 드러난 순간은 십자가 위에서였습니다. 예수님은 고통과 모욕의 절정 가운데서 '아버지'를 부르셨습니다. 수치와 죽음, 배신과 조롱이 그를 둘러싼 그 자리에서 예수님은 그들을 용서해달라고 기도하셨습니다. 그 용서는 그저 인간적인 관용이나 고결한 성품의 표현이 아니라, 오직 하나님과의 관계 안에서 시작된 일이었습니다. 예수님은 그 고통의 자리에서 먼저 '아버지'를 부르시는 데에 온 힘을 기울이셨습니다. 구원과 용서는 바로 하나님 안에서만 이루어질 수 있는 일이기 때문입니다. '아버지'를 먼저 부르는 이 기도는 하나님과의 관계로부터 용서가 시작된다는 고백입니다. 용서는 우리가 영적으로 더욱 기품이 높아지는 문제도 아니며, 성품이 온유해지는 문제도 아닙니다. 그것은 죄의 심판권을 가지신 오직 한 분 하나님 아버지의 사랑을 신뢰하는 고백입니다. 이렇듯 용서는 의로우신 하나님을 향한 전적 신뢰의 응답입니다. 따라서 용서의 기도는 언제나 '아버지'라는 호명에서 시작됩니다.

예수께서 십자가에서 하신 용서의 기반은 무지와 죄의 관계였습니다. 자유의지를 가지고 범하는 죄 이전에, 모든 존재가 숙명적으로 속한 어두움이 있습니다. 기독교 전통에서 죄는 단지 도덕적 행위의 위반이 아니라, 하나님과의 존재론적 단절을 의미합니다. 그런데 이 단절은 언제나 명백하고 자의적인 반역의 형태로만 나타나는 것은 아닙니다. 오히려 무지agnosia 즉, 하나님에 대한 무지, 자기 자신과 타자에 대한 인식의 결핍이 죄의 근원적 구조로 작용하는 경우가 많습니다. 그래서 호세아 4장

6절은 "내 백성이 지식이 없으므로 망한다."고 말씀합니다. 하나님이 보실 때 이스라엘의 문제는 지식이 없는 것이었습니다. 사도 바울도 우리가 무엇을 빌어야 하는지 모른다고 말합니다. "이와 같이 성령도 우리 연약함을 도우시나니 우리가 마땅히 빌바를 알지 못하나 오직 성령이 말할 수 없는 탄식으로 우리를 위하여 친히 간구하시느니라"롬 8:26.

바실리오스Basil of Caesarea나 막시무스Maximus the Confessor와 같은 동방교회의 영성가들은 죄를 지식의 부족보다 더 깊은 '존재의 왜곡'으로 보았습니다. 인간은 하나님의 형상대로 창조되었지만, 그 본래적 관계와 목적을 인식하지 못하고 혼동된 자아 인식과 왜곡된 욕망 속에서 타락하게 된다는 것입니다. 따라서 무지는 죄의 조건이자 결과입니다. 하나님 없이도 자족할 수 있다는 착각이 죄를 낳고, 죄를 통해 하나님을 더욱 모르게 되는 영적 망각의 순환이 시작됩니다. 무지한 신관은 무지한 인간관을 낳고 자기 자신에 대해서도 잘못된 해석을 하게 만듭니다. 심리학자 칼 융Carl Jung에 따르면, 자신 안에 있는 무의식의 그림자와 마주하지 않고 도피하거나 남에게 투사하는 것도 악의 한 형태입니다. 즉, 무지란 자기를 속이고, 회피하고, 억압하는 의식 구조 안에서 하나님을 멀리하는 인간이 빠지게 되는 '자기 미혹과 방어의 상태'입니다.

그러므로 용서란 단지 죄를 없던 일로 만드는 것이 아니라, 인간이 처한 비극적 운명, 무지와 단절의 어두움을 꿰뚫는 사랑의 시선입니다. 하나님은 인간의 죄를 보실 때 그 안에 있는 무지와 상처, 왜곡된 자기방어와 자멸의 기제를 함께 보십니다. 예수께서 십자가 위에서 "저들을 사하여 주옵소서 자기들이 하는 것을 알지 못함이니이다"눅 23:34라고 기도하셨을 때, 예수님은 무지로 인해 상처받고 상처입히는 인간, 하나님까지도 죽이는 인간의 악한 실존을 깊이 꿰뚫고 계셨습니다.

이 용서는 곧 하나님이 인간의 어두움 안으로 스스로 들어오셔서 그 어두움을 껴안고, 그 자리에서 다시 사랑을 시작하신다는 선언입니다. 칭의의 관점으로 자신을 바라볼 때, 비로소 우리는 하나님이 우리를 보는 방식으로 다시 자신을 보기 시작합니다. 그분이 나를 의롭게 하셨다는 새로운 정체성의 '나' 말입니다. 이제 '나'는 비로소 새 존재로 살아가기 시작합니다. 이 전환은 인간의 능력으로 성취되는 것이 아닙니다. 용서 받은 자로서 다시 살아내는 길을 찾아, 새로운 삶의 방식을 받아들이는 것입니다. 기억의 치유, 관계의 재구성과 함께 '나' 역시 사하시고 용서하는 길을 가게 하시는, 전인격적 회개의 길이 열렸습니다. 이 길에 성령이 동행하십니다. 성령께서는 과거의 어두움을 껴안은 채 미래를 가능하게 만드는 재창조의 동력으로 존재합니다. 참된 용서는 이렇듯 기도와 고요함 속에서 인간 존재를 있는 그대로 받아들이는 수용의 열매입니다.

이 칭의의 은총을 받은 자답게 살아가는 방식이 용서입니다. 마태복음 18장 21절에 보면 베드로가 예수님께 다가와, "주님, 제 형제가 저에게 죄를 지으면 몇 번이나 용서해 주어야 합니까? 일곱 번까지 해야 합니까?"하고 묻자 예수님께서는 일곱 번이 아니라 일흔일곱 번까지라도 용서해야 한다고 하시며 종에게 만 달란트를 빌려준 주인에 관한 비유를 드십니다. 만 달란트는 일급 십만 원을 받는 노동자가 십육만 년을 갚아야 하는 어마어마한 돈입니다. 그런 돈을 기꺼이 종에게 빌려준 것은 종과 주인 사이에 은혜의 관계가 먼저 있었다는 뜻입니다. 그러나 그 돈을 갚지 못하자 주인은 아내와 자식을 다 팔아서라도 갚으라고 말합니다. 빚을 졌으면 갚는 것이 당연합니다. 하나님은 적선하듯 용서하시는 것이 아닙니다. 그분은 우리의 중심에 무엇이 있는지를 먼저 보십니다. 종이 "참아주십시오. 제가 갚겠습니다."라고 빌자 주인은 불쌍히 여기고 큰 빚을 탕감해 줍니다.

그러나 탕감받자마자 종이 한 일은 자신에게 작은 빚을 진 사람의 목을 붙잡고 빚을 갚으라고 한 것이었습니다. 그 사람 역시 종이 주인에게 했던 것처럼 참아달라고 엎드려 간구합니다. 그러나 종은 자신이 받은 은혜와 정반대의 행동을 합니다. 주인은 여기서 대노大怒합니다. 하나님을 대적하고 죽이는 악까지 용서하신 하나님께서 이 배은망덕한 심보는 용서할 수 없었던 것입니다. 그분의 분노는 "네가 정말 은혜를 아는 자가 맞느냐? 구원받은 자답게 살려고 마음은 먹어보았느냐? 내가 너희들에게 바라는 것은 큰 것이 아니다. 작은 일이라도 나의 마음을 담고 살아라."라는 안타까움입니다. 하나님께서는 이 무지한 세상에 대해서는 죄를 묻지 않으십니다. 그분은 은혜와 구원을 경험한 우리에게 책임을 물으십니다. 결국 용서하지 못한 종은 감옥에 갇혔습니다. 그는 용서가 없는 비참한 곳에서 계속 살게 되었습니다.

만 달란트를 탕감받은 종의 비극은 자신이 받은 은혜를 잊었을 때 시작됩니다. 그는 결국 자신이 용서받은 그 복된 세계에서 쫓겨나고 맙니다. 이는 은혜를 경험하고도 응답하지 않는 자들의 무관심과 무자비에 대해 하나님께서 책임을 물으신다는 경고입니다. 용서는 그저 과거의 잘못을 지우는 행위, 마음속에 맺힌 응어리를 풀어주는 일에 그치는 것이 아닙니다. 용서는 하나님의 창조적 능력과 사랑이 시간의 경계를 넘어, 상처 입은 현재와 무너진 과거를 딛고 완전히 새로운 미래를 열어가는 출발점입니다. 그것은 죄를 단순히 '없던 일로' 돌리는 것이 아니라, 고통과 실패의 흔적마저도 하나님의 의 안에서 새롭게 해석되고 구속되며, 마침내는 생명으로 전환되는 생명의 용광로입니다.

이 용서는 '의로움의 선포'를 담고 있습니다. 하나님께서 우리를 용서하신다는 것은 단순한 감정적 이해나 관용이 아닙니다. 그것은 그리스도 안에서 우리를 의롭다고 하시는 선언, 즉 하나님의 법정에서 완전히 새로운 신분을 부여받은 사건의 인증입니다. 예수 그리스도의 순전한 의가 우리의 존재를 대신 감싸고 입혀졌기 때문에 가능한 일입니다. 죄의 대가를 스스로 지불하신 예수님의 십자가 안에서, 하나님은 더 이상 우리를 죄인의 자리에서 보지 않으십니다. 하나님은 용서의 사건을 통해 우리를 '의의 자녀'로 다시 태어나게 하십니다. 바로 여기에 회개와 용서의 본질이 있습니다.

용서 받을 때 우리는 온전히 받아들여짐을 경험하고 자기 정체성을 새롭게 재구성하게 됩니다. 상처와 죄책감은 인간의 자아를 마비시키고 미래를 향한 창조적 상상을 억압합니다. 그러나 용서를 경험할 때, 우리는 더 이상 과거의 실패나 상처의 인생으로 규정되지 않습니다. '나는 용서받은 존재다'라는 인식은 깊은 수치심과 자기혐오를 해체시키고, 내면의 평화와 자유를 가능하게 하고, 다른 사람을 용서할 수 있는 자리로 우리를 이끕니다. 용서는 단지 관계를 회복하는 감정적 절차가 아니라, 자기 이해와 미래에 대한 전망을 전환시키는 존재론적 전환입니다. 예수님께서는 이 존재론적 전환의 가능성을 전 인류를 위해 품으셨습니다. 그분이 십자가 위에서 드린 기도, "아버지, 저들을 용서하여 주소서."는 인류를 새롭게 하는 기원이었습니다. 용서는 하나님의 신비 안에 들어갈 수 있는 첫 번째 문이며, 인간이 자아 중심성을 내려놓고 신적 사랑에 자신을 내어 맡길 때 가능한 일입니다.

> 죄가 사라졌기 때문이 아니다.
> 어떤 타자, 사랑이 깊이 들어왔다.

그분의 십자가는 인간과 하나님 사이의 틈을 메우는 존재의 다리이며, 죄와 죽음을 건너 영원한 생명으로 나아가게 하는 통로입니다. 그 십자가 안에는 우리가 져야 할 몫의 용서도 함께 있습니다. 우리가 삶 속에서 짊어지는 고통과 선택, 용서를 위한 자기부정의 싸움은 단지 개인적인 수난이나 수행이 아니라, 하나님의 용서와 의가 우리 안에서 실현되고 확장되는 참여의 여정입니다. 주님의 십자가에 연합된 우리의 십자가는, 매 순간 우리의 존재를 새롭게 하며, 우리를 향한 하나님의 꿈과 죄와 사망을 넘어서는 사랑의 미래에 동참하게 합니다. 그러므로 용서는 나 자신을 하나님께서 보시는 방식으로 다시 보는 일이요, 다른 이들을 주님의 눈으로 다시 바라보는 훈련입니다. 이 태도 안에서 우리는 다시 사랑하게 되고 다시 살아나게 되며, 마침내 새로운 미래의 사람으로 창조되기 시작합니다.

용서받은 자는 더 이상 과거에 묶인 존재가 아닙니다. 그는 용서의 자리, 곧 새로운 생명의 자리, 은혜가 흐르는 자리에서 살아야 할 존재입니다. 그 자리란 단순히 죄를 용납받은 안정된 마음의 안식처가 아닙니다. 다른 이의 죄까지 품고 하나님 앞에 함께 나아가는 거룩한 기도의 자리입니다. 용서는 하나님의 본질이 우리 안에서 드러나는 삶의 방식이기 때문입니다. 그러므로 은혜를 아는 사람만이 용서할 수 있습니다. 참된 용서는, 은혜를 모르는 자의 행위를 정죄하기보다 은혜를 알게 해달라고 무릎 꿇는 자리에서 시작됩니다. "하나님, 저들이 알지 못합니다. 저들이 당신의 사랑을, 당신의 정의를, 당신의 기다림을 아직 알지 못합니다. 저도 한때 알지 못했습니다. 하지만 지금, 당신의 용서를 통해 당신의 은혜가 얼마나 넓고 깊고 오래 참는지 알게 되었습니다. 이제 제가 그 사랑을 흘려보내겠습니다."

용서는 인간이 하나님의 관점으로 타인을 다시 보는 훈련입니다. 사람은 상처 입은 기억 속에 머물며 타인의 행위를 단편적으로 해석하고, 반복되는 방어기제로 자기 자신을 보호하려 합니다. 하지만 용서는 그 기억과 감정의 순환을 끊고, 하나님의 시선으로 기억을 다시 바라보는 선택입니다. 그 여정 안에서 우리는 깨닫습니다.

하나님의 사랑을 받을 만한 존재라고
스스로를 보는 눈이 생겼다.
하나님의 시선이
나로 하여금 새로운 존재로 살게 한다.
내가 받은 용서의 은혜는
나만을 위한 것이 아니라,
이제 내 안에서 타인에게 흘러가야 할 생명이다.

성경의 역사는 바로 자신의 죄를 알게 된 자, 하나님의 뜻에 비추어 자신이 얼마나 멀리 있었는지를 깨달은 자들이, 용서받음 안에서 새로운 정체성을 입고 다시 태어난 이야기들입니다. 아브라함, 모세, 다윗, 베드로, 바울 모두 자신의 한계와 오판, 욕망과 의로움의 한계를 절감한 자들이었습니다. 그 한계와 실패의 자리에서 무릎 꿇을 때, 하나님의 용납과 용서가 새로운 미래의 문을 열어주셨습니다. 이 용서를 받을 때, 인간은 비로소 자신이 누구인지, 무엇을 몰랐는지, 왜곡된 존재 구조에서 어떻게 벗어날 수 있는지 보기 시작합니다. 용서는 인식 이전에 주어진 신의 자비이며, 인식의 가능성을 열어주는 신적 사랑의 첫 조명입니다. 그것은 존재의 구조를 다시 형성하는 창조 행위입니다. 용서는 이전에는 불가능했던 방식으로 자기 자신을 새롭게 인식하게 하며, 타자와 세계를 바라보는 방식을 변화시킵니다. 이것은 단순한 회개 이상의 전환, 존재론적 변형으로의 출발입니다. 칭의는 바로 이 새로운 시선과 존재 구조의 재구성을 의미합니다.

존재와 실존의 만남

"죄를 사하여 주시는 것을 믿사오며"라는 고백은 인간 존재의 근본적 결핍, 즉 죄의 현실을 인정하면서, 하나님의 은혜가 인간 조건을 새롭게 열어주신다고 말한다. 바르트는 『교회 교의학 IV/1』에서 이렇게 말한다.

> 인간이 하나님과의 관계 안에서 새로운 존재가 되었다는 것은, 인간 안에 새로운 주체가 창조되고 기초되었다는 것을 의미한다. 이 창조와 기초의 사건은 바로 예수 그리스도 안에서 이루어진 화해의 사건 그 자체이다. 이 안에서 인간의 상태는 변화되었고, 하나님의 은혜는 실제로 역사하며 드러났다.[1]

바르트에게 죄 사함은 죄를 무시하거나 삭제하는 행위가 아니

---

1 Barth, Karl. *Church Dogmatics, Volume IV: The Doctrine of Reconciliation, §§57–59*. Edited by G. W. Bromiley and T. F. Torrance. Edinburgh: T&T Clark, 2009, 87.

다. 오히려 하나님께서 인간의 죄를 온전히 감당하시고, 그 죄로 인한 단절을 스스로 메우신 복음이다. 하나님의 은혜가 없는 인간은 자신을 죽음으로 내던진 범죄자이며, 그 자신을 계약 파기자로 간주한다. 하지만 하나님은 당신의 아들을 인간에게 내어주시고 화해하심으로써, 인간의 주체 그 자체를 획득하신 모든 것이 되신다. 한편, 틸리히는 죄를 소외alienation로 이해하고, 화해를 통해 소외의 극복과 존재의 회복이 일어나게 된 것을 죄 사함과 용서로 설명한다. 틸리히는 『조직신학 2권』에서 이렇게 말한다.

> 죄와 은혜는 양적이고 상대적인 범주가 아니라 질적이고 절대적인 범주다. 죄는 소외이고, 은혜는 화해다. 하나님의 화해하는 은혜는 무조건적이기 때문에 인간은 자신의 상태나 죄책의 정도를 고려할 필요가 없다. 인간은 온전한 죄책의 상황에서도 온전한 용서를 확신할

수 있다.[2]

틸리히에게 용서는 인간의 잘못을 무효화하는 것이 아니다. 오히려 그 실패를 있는 그대로 인정하면서 존재가 하나님의 화해에 의해 다시 긍정되는 사건이다. 용서는 인간 스스로 얻어내는 것이 아니라, 하나님으로부터 오는 궁극적 수용acceptance이다. 즉, 용서는 무너진 존재를 그대로 받아들이고, 새로운 존재로 인정하시는 하나님의 행위다. 그러므로 "죄를 사하여 주시는 것을 믿사오며"라는 고백은 내 실패와 소외에도 불구하고 하나님께서 나를 다시 존재하게 하신다는 궁극적 수용과 은혜의 선언이다.

---

2 Tillich, Paul. *Systematic Theology, Volume II: Existence and the Christ.* Chicago: University of Chicago Press, 1957, 57-58.

이 땅에서 몸을 입고 살아가는 모든 순간은 영혼의 집을 짓는 과정이며, 우리가 지은 영혼의 집은 장차 영원히 거할 몸이 됩니다. 이 땅에서 살아가는 짧은 시간 동안 영원히 남을 우리 영혼의 몸이 준비되고 있습니다.

2

몸이 다시 사는 것 - 실상의 몸

아무 대책 없는 삶이 아니다.
지금의 생이 알알이 직조되어
아직 개화되지 않은
숨은 우주 하나 생성하고 있다니.

"몸이 다시 사는 것을 믿습니다."라는 고백은 예수님의 부활하신 몸을 떠올리게 합니다. 그러나 제자들은 부활한 예수님을 처음에 알아보지 못했습니다. 그분의 몸은 과거의 육체와는 분명히 달랐습니다. 만질 수 있었고, 흔적이 있었으며, 동시에 벽을 통과하기도 했던, 형체와 비형체의 경계를 넘는 몸이었습니다. 이는 몸의 부활이 단순히 물질적 육체의 회복이 아니라, 새로운 차원의 존재 방식을 가진 몸이라는 것을 의미합니다. 예수님의 부활체는 영이 중심이 된 몸, 곧 속사람의 영이 외형을 규정하는 전복의 구조를 지닙니다. 과거의 육체가 피조 세계의 질서에 속한 '육의 몸'이었다면, 부활체는 영원한 생명의 질서에 속한 '영의 몸'입니다.

제자들이 예수님을 즉시 알아보지 못한 이유가 있습니다. 그들의 인식이 여전히 육의 질서에 속해 있었기 때문입니다. 그러나 예수님과의 만남과 대화를 통해 말씀이 기억되고, 영혼의 눈이 열리면서 점차 예수님의 새로운 실재를 인식해 갑니다. 이처럼 부활체의 인식은 인간의 감각이 아니라 깨어난 영혼에 의해 가능해집니다.

예수께서 "너희를 위한 처소를 예비하러 간다."요 14:2라고 하신 말씀은 단지 물리적 거처만이 아니라, 새로운 몸의 존재적 공간을 의미합니다. 그 몸은 지금은 은폐되어 있으나 성령 안에서 유일회한 우리의 삶과 믿음을 통해 조금씩 구성되어 갑니다. 결국 심판의 날, 삶의 결과에 따라 우리의 영적 형상이 드러나게 될 것입니다. 부활은 영적인 개념에 머무르지 않습니다. 그것은 구체적인 몸의 부활입니다. 그러나 그 몸은 시간성과 피로, 병듦의 질서에 속하지 않습니다. 영의 생명으로 새롭게 구성된 존재이기 때문입니다. 그것은 여전히 '우리의 몸'이지만, 빛나는 생명으로 덧입혀진 몸이며, 하나님 안에서, 실상의 세계에서 영원히 살아갈 준비가 된 몸입니다.

부활하신 예수님의 몸은 바로 그러한 몸이며, 땅의 법칙이 적용되지 않는 몸이었습니다. 예수님은 자신을 만지려는 마리아에게 "만지지 말라"고 하셨습니다요 20:17. 또 몸을 입은 상태로 제자들이 모여 있는 집의 벽을 통과하셨고, 어느 순간 홀연히 사라지기도 하셨습니다. 제자들과 함께 식사하셨지만 먹어야만 생명이 유지되는 몸은 아니었습니다. 예수님의 몸은 우리가 땅에 속한 삶을 벗어났을 때 입게 될 부활체의 보증입니다.

부활의 몸은 땅의 차원을 넘은, 삶과 죽음의 권세와 관련된 몸입니다. 로마서 8장 11절은 "예수를 죽은 자 가운데서 살리신 영"에 대해 말하고 있습니다. 예수님의 부활은 죽음을 이야기하지 않고는 이해할 수 없습니다. 인간은 원래 생명으로 영원히 살도록 지음 받았으나 사망의 권세 아래 놓이게 되면서 죽음을 겪게 됩니다. 예수님은 그런 인간의 몸을 입고 이 땅에 오셨습니다. 그리고 모든 인간을 대표하여 죄에 대하여 단번에 죽으셨으며, 하나님께서 그를 다시 살리셨습니다. 그러니 예수 그리스도의 부활은 사망으로부터 생명으로 살리신 영이 예수의 몸을 통해 모든 믿는 자들을 영원한 생명으로 살리게 된 사건입니다. 그래서 부활은 인간의 전 존재에 대한 하나님의 새로운 창조의 시작입니다. 예수 그리스도 안에서 일어난 부활은 육체의 운명이 하나님 안에서 보존되고, 새롭게 해석됩니다. 예수 그리스도의 부활로 말미암아 우리는 하나님께서 인간의 역사성과 물질성까지 포기하지 않으신다는 의지를 알게 됩니다. 부활의 몸은 죄와 죽음의 권세를 이기고 하나님께서 자기 계시를 이루신 자리이며 하나님이 완전하게 구원을 이루신 표징입니다.

그러므로 예수 그리스도 안에 있는 우리의 몸은 세계와 관계 맺는 새로운 생명의 방식입니다. '몸의 부활' 역시 존재의 가능성과 관계의 차원이 새롭게 열리는 사건이 됩니다. 이때 몸은 영원한 생명의 시간과 역사 안에서 근원적 차원에 맞게 변화되어 갑니다. 이 땅에서 몸을 입고 살아가는 모든 순간은 영혼의 집을 짓는 과정이며, 우리가 지은 영혼의 집은 장차 영원히 거할 몸이 됩니다. 이 땅에서 살아가는 짧은 시간 동안 영원히 남을 우리 영혼의 몸이 준비되고 있습니다. 이 기회는 누구에게나 단 한 번 주어집니다. 부자에게나 가난한 자에게나, 여자에게나 남자에게나 평등하게 주어집니다. 그러니 살아가는 매 순간이 참 귀중하고 무서운 기회입니다. 영원한 세계에서 벌어지는 일에 비한다면 사람들이 늘 이 땅에서 걱정하는 일들은 사실 사소한 일입니다. 대부분의 사람은 썩어 없어질 육체를 위해 고민합니다. 무엇을 먹을지, 입을지, 어떻게 하면 아프지 않고 행복하게 살 수 있을지를 걱정합니다. 이 땅에서의 몸은 오래 가지 못하나, 이 유한한 시간을 살아 낸 영혼의 열매는 땅의 중력과 질서를 벗어난 후에도 영원의 몸으로 남습니다.

그러므로 중요한 것은 우리가 처한 조건이 아니라, 주어진 자리에서 얼마나 가치 있고 깨어 있는 영혼으로 살았는지입니다. 그때 우리의 시간은 죽음을 향해 달려가는 것이 아니라, 하늘에서 새 소망과 미래가 도래하는 장입니다. 이 사실을 진정으로 깨달을 수만 있다면 삶은 전혀 다른 빛 속에서 새롭게 보일 것입니다. 육체를 편하게 하고 안락한 여생을 누리는 것이 삶의 전부가 아닙니다. 우리의 소유는 덧없이 사라지겠지만 존재는 영원히 남을 것입니다. 때가 되면 육체의 허울이 벗겨지고 우리가 어떤 존재인지 명백히 드러날 것입니다. 살아 있는 모든 순간이 우리의 존재를 지어가는 중요한 기회입니다.

그렇다면 부활의 몸은 먼 미래의 이야기일까요? 아직 실감 나지 않는 미래의 몸을 준비하기 위해 현재의 즐거움과 욕구를 억제해야 할까요? 이 질문의 열쇠는 영원과 시간의 관계 안에 있습니다. 영원은 시간의 무한한 연장이 아니라, 시간과는 다른 차원의 질서입니다. 영원이 시간 속으로 들어온다는 것은 우리의 통상적인 시간 개념으로 잘 이해할 수 없습니다. 우리에게는 그것이 과거와 현재와 미래가 섞여 있고 구별되지 않는 것으로 보입니다. 부활의 몸은 영원의 질서에 속한 모습입니다. 영원 안에는 부활의 몸이 이루어질 미래의 모습이 있지만, 그것은 또한 우리의 현재 안에서 이미 이루어져 있습니다. 우리는 이 상태를 '영원한 현재'라고 부릅니다. 예수 그리스도 안에 있는 영원한 생명의 선취 속에서, 우리는 영원 안에 깃든 현존으로 이미 그 몸을 살아가며 만들어가고 있습니다.

요한복음 5장 25절에서 예수님은 부활에 대해 "죽은 자들이 하나님 아들의 음성을 들을 때가 올 것이다. 지금이 그때이다. 그 음성을 듣는 자는 살 것이다."라고 말씀하십니다. 예수님이 부활에 관해 설명한 이 한 말씀 안에는 여러 차원의 시간과 공간이 중첩되어 있습니다. 또한 골로새서 2장 12절은, 세례받은 자는 그리스도의 부활에 이미 참여하였다고 합니다. 부활의 몸을 이미 완료된 일로 이야기하는 것입니다. 그러니 미래에 주어질 부활의 몸은 우리의 현재 속에서 이미 이루어지고 있으며, 경험할 수 있는 사건입니다. 땅에 속한 현재의 삶이 영원의 차원과 연결될 때, 동시에 하늘에서도 이와 같은 일이 실제로 벌어지고 있습니다. 그래서 하늘에서 이미 이루어진 일들은 땅에 있는 우리를 통해 실현됩니다. 하늘과 땅이 이렇게 연결되고 서로에게 닿을 수 있도록 다리를 놓으신 분이 바로 예수 그리스도입니다. 예수께서 온 땅을 대속하여 죄에 대해서 죽으시고, 하늘의 생명으로 다시 살아나심으로 인해 하늘과 땅은 서로에게 열릴 수 있었습니다.

아버지께서 계신 하늘에는 이미 우리가 부활했을 때의 몸이 드러나 있습니다. 우리는 비록 이 땅의 시간에 갇혀 그것을 보지 못하지만, 하늘에서는 이미 우리의 새로운 거처와 몸이 준비되고 있습니다. 그리스도께서 약속하신 이 미래를 향해 걸어 나갈 때 우리 영혼의 모습이 계속해서 나타나게 됩니다. 그래서 우리의 현재는 영원을 품고 있고, 영원은 우리가 참여하는 현재를 통해서만 이루어질 수 있습니다. 현재를 영원처럼 살아가는 이들에게는 하늘나라의 이야기가 먼 미래의 소문이 아닐 것입니다. 우리는 그 영원한 현재를 분명히 체험하고 있습니다. 성경을 읽을 때 깨달음을 얻으며 기쁨이 충만해지거나, 기도할 때 마음이 적셔지듯 에너지가 샘솟는 경험이나, 분명히 내 성품이나 기질과는 다른 사랑이나 용서의 마음이 생겼던 일을 떠올려 보십시오. 우리는 그 하늘 기쁨 속에서 이미 이루어진 부활의 몸을 경험합니다.

시간이 지날수록 우리의 육신은 쇠해지지만, 오히려 부활의 육체는 강건하게 준비되고 있습니다. 이 소망을 갖고 살아가는 사람들은 겸허하고 담대할 수 있습니다. "우리가 사는 날을 세어

보게 하소서"시 90:12라는 기도처럼, 시간은 손으로 꼽을 수 있을 만큼 짧고 덧없습니다. 그러나 이 시간은 하나님을 닮아 지어진 인간에게만 주어진 특별한 시간이기도 합니다. 시간은 하늘의 뜻이 땅에 더욱 가까워지고, 하늘에서 영원히 살 인류의 집을 마련할 수 있는 영원의 거처입니다. 이곳에는 영원을 담아낼 우리의 부활 생명의 몸이 깃들어 있습니다.

"몸이 다시 사는 것을 믿습니다."라는 고백은 죽음 이후의 희망에 그치지 않습니다. 이 고백은 지금 이 육체적 존재가 하나님께 속해 있으며, 장차 온전히 회복될 것이라는 믿음으로 오늘의 삶을 살아가겠다는 믿음의 선언입니다. 그 믿음은 죽음 앞에서 담대하고 삶을 끝 날까지 소중히 여기게 하며, 우리의 시간을 영원으로 이끕니다.

존재와 실존의 만남

"몸이 다시 사는 것을 믿사오며"라는 고백은 기독교적 부활 신앙의 구체적인 적용이다. 이 고백은 단순한 영혼 불멸이나 비물질적 영성의 강조가 아니라, 육체를 포함한 인간 존재 전체의 완전한 구속 선언이다. 바르트는 『교회 교의학 IV/2』에서 부활에 대해 이렇게 말한다.

> 그러나 "예수를 뵈옵고 경배하나 오히려 의심하는 자도 있더라"마 28:17라는 문장이 부활하신 그리스도의 자기 증거가 과거에 살아 있고 가르치고 행동하며 죽음에 이르렀던 그분과 동일한 존재임을 드러낸다는 사실을 바꾸지는 않는다. 그리스도의 역사와 존재 자체가 하나님과 세상 사이의 화해이며, 새로운 인간성의 시작이자 새로운 창조의 서막, 새로운 세계의 출현임은 틀림없는 사실이다.[1]

---

1 Barth, Karl. *Church Dogmatics, Volume IV: The Doctrine of Reconciliation, §64*. Edited by G. W. Bromiley and T. F. Torrance.

바르트에게 '몸의 부활'은 단순히 정신이나 영혼만의 문제를 넘어, 육체적 존재 전체가 하나님의 구원과 회복 안에 포함된다는 선언이다. 하나님은 물질세계를 포기하거나 경멸하지 않으시며 육체도 하나님의 창조와 구원의 일부이다. 그렇기에 부활 시에 우리의 몸이 포함되는 것은 당연한 일이지만, 현재의 이 시공간에 갇혀있는 몸이 아닐 것은 틀림없다. 한편, 틸리히에게도 '몸이 다시 사는 것'은 생물학적 재생을 말하는 것이 아니다. 이는 죽음과 소외를 넘어, 존재 전체가 본질적 의미와 질서 안에서 다시 세워지는 사건이다. 틸리히는 『조직신학 3권』에서 이렇게 말한다.

> 부활은 하나님 나라가 존재의 모든 차원을 포괄하고 있다는 것을 선언한다. 인간 존재 전체—심리적, 정신적, 사회적 존재를 포함한 인격성 전체—가 영원한 생명

Edinburgh: T&T Clark, 2009, 147.

에 참여한다. '본질화essentialization'라는 개념을 사용하

자면, 인간의 심리적·정신적·사회적 존재는 육체적 존재

에 포함되어 있으며, 이는 존재하는 모든 것의 본질과

일치를 이룬다.[2]

이처럼 "몸이 다시 사는 것을 믿사오며"라는 고백은 단순한 생물학적 회복이나 영혼 불멸에 대한 소박한 기대를 넘어선다. 그것은 창조와 구속의 연속성 안에서 인간 존재 전체─영혼과 육체를 포함한 전인全人이 하나님의 최종적 승리 안에서 새롭게 창조되고 긍정된다는 신앙의 중심적 선언이다. 우리의 부활은 인간 존재 전체에 대한 하나님의 창조 의지를 완성하는 사건이며, 그 안에서 육체 또한 새롭게 태어난다. 즉 이 고백은, 인간 존재가 시간성과 유한성, 죽음과 소외의 한계를 넘어, 하나님

---

2 Tillich, Paul. *Systematic Theology, Volume III: Life and the Spirit; History and the Kingdom of God.* Chicago: University of Chicago Press, 1963, 412-413.

의 창조적 사랑 안에서 온전히 전인적으로 구속되고 변형될 것
이라는 약속에 대한 신뢰다. 이 고백은 인간의 가장 깊은 절망,
곧 육신의 죽음조차 하나님의 사랑과 생명의 약속 안에 있음
을 선포한다. 따라서 "몸이 다시 사는 것"에 대한 믿음은 단지
미래의 한 시점을 기다리는 소극적 기대가 아니다. 우리는 죽
음을 넘어선 생명의 약속을 바라보며, 현재의 삶 속에서도 이
미 그 부활의 몸을 만들어가며, 존재의 변형을 향해 걸어가는
존재들이다.

영원히 산다는 것의 희망은 무한한 시간에 달린 것이 아니라, 단 한 순간이라도 무한한 충실함으로 살아내는 데 있습니다. 그 희망 앞에서 사도신경은 우리에게 질문합니다. 우리에게 주어진 시간을 '하나님의 시간'과 맞닿아 영원한 생명으로 바꿀 용기가 있는지 말입니다.

3

영원히 사는 것 - 끝이 아닌 시작

덧없이 사라지는 것들 사이로

죽은 꽃들의 무덤 사이

영원이 보란 듯이 피어있다.

지금 이 삶은 뭔가 잘못되어 있다.

망설이지 말고

시방부터 바로 그 영원의 삶을

살아내야 한다.

사도신경의 마지막 고백은 "영원히 사는 것을 믿습니다."로 막을 내립니다. 이 고백은 단순히 땅에서와 같은 삶이 사후에도 끝없이 길게 펼쳐져 있다는 뜻이 아닙니다. 그러한 시간 속에서 영원히 산다면 결국 아무것도 느끼지 못하고, 아무 의미도 얻지 못한 채 '무한히 낡은 자'가 되어버릴 것입니다. 그곳에는 고통도, 기쁨도, 목적도 없을 것입니다. 단순한 생존으로서의 영원은 오히려 생명의 소멸입니다. 영원은 시간이 끝나지 않음이 아니라, 의미가 계속해서 새롭게 탄생할 수 있는 감각이어야 합니다. 그러니 영생의 본질은 단지 죽음을 넘은 무한한 생명의 연장이 아닙니다. 도리어 영생은 새로운 생명의 출현과 관련이 있습니다. 생명의 가장 중요한 속성은 무엇일까요? 역설적으로 그것은 죽음입니다. 죽음이 있을 때에야 삶은 이야기로 완성될 수 있습니다. 살아 있는 것은 다양한 변화의 과정을 겪으며 마침내는 죽음에 이릅니다. 그러나 그것이 끝이 아닙니다. 죽음은 거름이 되어 또 다른 생명이 태어나게 하는 계기가 됩니다. 그래서 아름다운 생명은 반드시 죽음을 포함하고 있으며, 죽음은 끝이 아니라, 매 순간을 영원으로 만드는 결정적인 요소가 됩니다.

변화나 죽음의 과정을 거치지 않는 생명은 박제된 것과 다름없습니다. 생명체를 이루고 있는 단위인 세포만 보아도 알 수 있습니다. 정상적으로 기능하는 세포는 죽는 시기가 정해져 있고, 그 시기가 찾아오면 제때 소멸합니다. 그 죽음은 다른 세포가 태어나서 기능할 수 있게 자리를 마련해 줍니다. 그런 측면에서 죽음은 생명의 끝이 아닙니다. 오히려 죽음도 끊어낼 수 없는 차원의 생명을 드러내는 계기입니다. 영원한 생명은 끝나지 않는 생명이라는 뜻도 있지만, 우리에게는 한 가지 의미가 더 있습니다. 바로 죽음이라는 한계에서 만나는 생명의 속성입니다. 이 관점에서 죽음은 두 가지 의미로 나뉩니다. 한 사람은 육체의 시간이 생명의 전부인 사람입니다. 그렇다면 육체의 시간이 끝날 때 생명도 사라집니다. 죽음이 더 큰 생명의 세계로 이어지지 못하기 때문입니다. 하지만 영원의 생명을 사는 사람에게 죽음은 더 큰 차원의 생명의 세계로 들어가는 시작이 됩니다.

영원한 생명은 바로 영원한 생명의 영이신 하나님께서 깃들어 계신 생명입니다. 인간은 본래 이 생명으로 살도록 지어졌지만 죄로 인해 이 생명으로부터 분리되었습니다. 선악과를 먹은 이후 인간은 정신혼으로는 판단하고, 양심으로는 정죄를 받게 되었으며, 육체의 정욕으로만 살게 되었습니다. 대부분의 세계관과 가치관은 영이 삭제된 채 혼과 양심, 그리고 몸에 관해서만 이야기합니다. 이러한 세계에서는 어디서부터 시작되었는지 모를 깊은 허무가 밀려옵니다. 무엇으로 채우려고 해도 들여다볼수록 깊어지는 심연, 바로 영혼의 구멍입니다.

사람이 죽음을 두려워하는 이유는 본능적으로 죽음으로부터 권세를 인식하기 때문입니다. 죽음은 세상의 어떤 권력이나 재물로도 거스를 수 없는 절대적 힘입니다. 인간은 죽음에 직면하는 것을 피하려 다양한 영생의 대체물—유사 신관과 가치 체계—을 만들어 왔습니다. 죽음에 종속되어 있으면서도 그 현실을 직시하지 않으려는 시도입니다. 이러한 방어적 동기의 깊은 자리에는 두려움이 자리하고 있습니다. 이미 자신이 죽음에 속해 있다는 사실을 무의식적으로 알고 있기 때문입니다. 그러나 믿음은 죽음이 지배하는 현상 세계를 넘어, 보이지 않는 실재를 인식하는 힘을 줍니다. 믿음은 궁극적으로 창조주께서 주신 생명의 근원을 식별하는 눈입니다. 모든 인간은 죽음 앞에서 평등하지만, 이 눈을 가진 이의 죽음은 다릅니다. 그는 죽음 너머의 영원한 실상의 세계를 바라보며 육신의 마지막 순간을 맞이하기 때문입니다. 이러한 원리는 단지 사후의 일에 국한된 것이 아니라 이 현실의 생생한 삶 속에서도 일어납니다. 사도 바울은 갈라디아서 2장 20절에서 영생에 대해 이렇게 말합니다. "이제는 내가 사는 것이 아니요, 내 안에 예수 그리스도께서 사시는 것이다." 여기서 '나'는 언젠가는 죽을 수밖에 없는 존재, 이미 죽음 안에 예속된 존재입니다. 이 죽음 안에 속한 나에게 죽음을 선고함으로써 생명의 힘이 드러나게 하는 것입니다.

> 나의 작은 삶에
> 매일 죽음의 선고가 내린다.
> 영생은
> 그 선고가 내려진 곳마다
> 하늘에서 퍼 올린 생명을 심는 일.
> 생명의 신비가 내 안에 움트도록 하는 일.

하나님은 산 자의 하나님이십니다. 그래서 우리는 참된 생명을 만날 때 비로소 하나님이 누구신지 알게 됩니다. 우리가 죽었다고 생각하는 것들, 이제는 포기해야 하며 희생해야 한다고 생각했던 것들이 그 생명 안에서 부활의 아침을 맞이합니다. 성경에서 십자가와 부활이 반드시 맞닿아 나타나는 것은 이런 원리 때문입니다. 십자가는 죽음의 길이 아니라 실상의 생명 안에서 만물을 새롭게 하는 힘입니다.

사람들은 천국과 지옥을 죽어서 가는 곳이라고 생각합니다. 그러나 생명의 원리를 알지 못하고 사는 삶은 이미 지옥이나 다름없습니다. 아무리 물질적으로 풍요해도 그 기저에 있는 허무와 단절과 불안을 막을 방법이 없기 때문입니다. 그러나 생명을 위해 육신의 시간을 바칠 수 있는 사람은 결국 그 생명 안에서 깨어나게 될 것입니다. 삶은 어떤 식으로든 반드시 열매를 맺고 그 열매는 죽음을 통해 가장 선명해집니다. 자기를 위해 사는 사람이 있고, 가족을 위해서 사는 사람이 있고, 역사를 위해 사는 사람이 있습니다. 무엇을 위해 살든 그 삶은 그 차원에 합당한 열매를 맺을 것입니다. 그러나 가장 많은 사람에게 유익을 줄 수 있는 삶은 진리를 위해 살았던 삶입니다.

기독교의 생명과 죽음은 중층적 차원을 담고 있습니다. 생명은 죽음과 연결되어 있고, 죽음은 다시 생명의 열매를 맺습니다. 죽음 앞에서 우리의 고민과 삶을 되돌아보십시오. 그것이 어떤 세계관과 가치에 매여 있는지, 세계관을 뛰어넘을 수 있는 수준의 고민인지, 진정으로 진리에 가까이 가려는 마음이 있는지 생각해 보십시오. 복음이 기쁜 소식인 이유는 누구든지 그 진리를 듣고자 하는 마음만 있다면 가까이 갈 수 있는 길을 열어주기 때문입니다. 듣고자 하는 자는 들을 것이며, 믿고자 하는 자는 실상을 볼 것입니다. "내가 너희에게 이것을 이르는 것은 너희 안에 영생이 있다는 것을 확신하게 하려 하는 것이다."요일 5:13. 우리에게 영원한 생명이 있다는 믿음이 있고, 삶의 기반이 이 믿음에 있다면 세상살이에 두려울 것이 없습니다. 두려움은 영원한 생명보다 세상의 존재감이 크기 때문에 옵니다.

삶이 영원하다는 것은, 지금 이 순간이 단지 지나가는 시간이 아니라 전체와 연결된 깊이 있는 순간이라는 자각에서 출발합니다. 과거를 끌어안고 미래를 여는 '지금', 그 살아 있는 현재를 충만하게 살아갈 수 있는 존재만이 영원을 경험합니다. 그러므로 영원은 시간의 양이 아니라, 존재의 질, 즉 매 순간을 새롭게 '사는 능력'입니다.

그리고 이 능력은 결국 세계가 창조되었던 이유, 사랑에서 비롯됩니다. 사랑은 과거에 머물지 않고, 미래를 조작하려 하지 않으며, 지금 여기의 타자와 세계 앞에 자기 자신을 열어두는 삼위일체 하나님의 마음입니다. 사랑하는 자만이 진정 매 순간을 새롭게 살 수 있습니다. 그에게는 영원이 무거운 형벌이 아니라, 매 순간 죽고 새롭게 태어나는 기쁨이 됩니다. 영원은 지금 이 순간을 얼마나 응답적으로, 사랑으로, 충만하게 살아내는가에 달려 있습니다. 영원히 산다는 것의 희망은 무한한 시간에 달린 것이 아니라, 단 한 순간이라도 무한한 충실함으로 살아내는 데 있습니다.

그 희망 앞에서 사도신경은 우리에게 질문합니다. 우리에게 주어진 시간을 '하나님의 시간'과 맞닿아 영원한 생명으로 바꿀 용기가 있는지 말입니다. 인간이 이 부르심에 응답하는 삶을 살 때, 그는 더 이상 죽음을 향해 달려가는 시간에 갇혀 있지 않으며, 하나님의 시간 속에서 새로운 존재로 살아가게 됩니다. 결국 "영원히 사는 것을 믿습니다."라는 고백은 죽음을 껴안고 하나님 안에서 지금 새롭게 살아가는 존재의 방식에 대한 신앙적 응답입니다. 이 고백은 죽음을 회피하지 않고 직면하되, 그것을 넘어서는 하나님의 시간 안에서의 생명을 인정하고 수용하는 용기 있는 믿음의 선언입니다.

존재와 실존의 만남

"영생을 믿사오며"라는 고백은 단순히 죽음 이후에 영혼이 살아남아 영원히 산다는 희망이 아니다. 기독교 신앙에서 영생은 언제나 영원한 생명의 근원이신 하나님과의 연결을 의미하고 지금 여기에서 하나님과 연결된 존재의 새로운 삶을 의미한다. 바르트는 『교회 교의학 IV/3』에서 영생에 대해 이렇게 말한다.

> 삶 가운데 하나님의 나라가 우리에게 임하셨고, 우리
> 의 낡은 삶이 제거되었으며, 끝나버렸고, 죽어버렸다.
> 옛것은 철저하게 낡아지게 되었고, 우리의 새롭고 영원
> 한 삶이 거기에서 시작되었다.[1]

바르트에게 영생은 죽은 뒤에야 시작되는 미래의 상태가 아니

---

1 Barth, Karl. *Church Dogmatics, Volume IV: The Doctrine of Reconciliation, §69*. Edited by G. W. Bromiley and T. F. Torrance. Edinburgh: T&T Clark, 2009, 102.

라, 그리스도 안에서 이미 지금 시작된 영원한 새 존재의 형태다. 영생은 생명의 근원이신 하나님과의 관계 속에서 새롭게 살아가는 존재 방식이다. 한편, 틸리히는 영생을 영원이 시간 안에 침투한 사건으로 해석한다. 그는 『조직신학 3권』에서 이렇게 말한다.

> 시간적인 것이 영원 '안에 있음'이 보여주는 세 가지 의미는 신적 생명과 보편적 생명의 리듬을 보여준다. 이 리듬은 본질에서 실존적 소외를 거쳐 본질화에 이르는 여정이라 할 수 있다. 즉, 단지 잠재적이기만 한 상태에서 현실적 분리를 지나, 잠재성과 현실성의 분열을 넘어서는 충만한 완성으로 나아가는 재결합의 과정인 것이다.[2]

---

2 Tillich, Paul. *Systematic Theology, Volume III: Life and the Spirit; History and the Kingdom of God.* Chicago: University of Chicago Press, 1963, 421.

'시간적인 것이 영원 안에 있음'은 단순한 철학적 명제가 아니라 신적 생명과 보편적 생명의 리듬, 곧 창조-타락-구속의 리듬을 드러낸다. 틸리히의 존재론에서 이 리듬은 단선적 흐름이 아니라, 깊이를 가진 시간의 반복적 구조로 이해된다. 이러한 시간의 구조는 다음과 같은 존재론적 여정, 본질에서 실존적 소외를 거쳐 본질화에 이르는 구속적 리듬의 순환이다. 그렇기에 틸리히의 영생은 끝이 아니라 시작이며, 미래의 도래가 아니라 현재의 충만한 관통이며, 시간의 연장이 아니라 새로운 시간의 깊이이자 방식이다.

그리스도 안에서 열린 이 '새 시간'은 과거와 미래를 수직으로 꿰뚫는 영원의 현재, 즉 성육신 사건 안에 집중된 하나님의 시간의 실체로 드러난다. 그러므로 '영생'에 대한 이 고백은 단지 미래의 보장보험이 아니라, 말씀의 현존 안에서 지금 여기부터 영원까지 살아가는 삶의 방식에 대한 응답이다. 그리스도 안에서, 성령에 의해 새롭게 구성된 존재는 시간 속에서 흘러가는

것이 아니라 영원으로부터 침투되는 시간을 응답하며 살아간
다. 그것이 바로 영생의 실제이고, 교회가 이 세상 속에서 증언
해야 할 하나님의 시간의 형태이다.

에필로그

우리는 믿습니다

아버지여, 그들도 다

하나가 되게 하소서

요 17:21

공동 고백은 단지 하나의 문장이 아니다. 그것은 존재의 심연
과 실존의 떨림이 교차하는 자리에서, 전혀 다른 차원으로 다
시 태어난 이들이 한마음 한뜻으로, 삶으로 고백하는 기도문
이다. 존재는 뿌리이고, 실존은 숨결이다. 존재는 하나님께로부
터, 실존은 우리 안으로부터 흐른다. 둘은 보이지 않지만 실상
의 세계로부터 존재의 부르심과 응답이라는 만남의 구조를 통
해 믿음으로 승화된다. 우리에겐 승화된 아름답고 굳건한 믿음
의 도약이 필요하다.

우리는 다시 이 공동 고백의 자리로 부름을 받는다.

하나의 말, 하나의 숨, 하나의 몸이 되어

흩어진 빛줄기들이 모여 온전한 순백의 빛을 이루듯,

깊은 존재의 침묵과, 치열한 실존의 노동요가

마침내 하나의 찬송으로 울려 퍼질 그날을 향하여.

하나님 안에서 인간이 자기 자신을 다시 발견하고,

인간 안에서 하나님이 존재와 생명력을 드러내는 신앙.

공동 고백은 경계를 넘어 우리를 모으고

목마름을 해갈하게 하는 우물이다.

이 고백 안에서, 존재는 실존을 품고,

실존은 존재에 기대어,

서로를 넘어서는 새로운 탄생을 기다린다.

고백은 살아내야 할 그리스도의 몸이다.

믿음의 공동 고백을 위한 기도

하나님 아버지,

사도들의 공동 고백 앞에서

우리 또한 이 자리에 섭니다.

우리를 다시 하나 되게 하는 자리,

삼위일체의 하나 됨 속으로

초대하시는 자리입니다.

하나님 안에서 인간이

자기 자신을 다시 발견하고,

인간 안에서 하나님이

영원한 생명을 새롭게 드러내시는 자리입니다.

우리를 불쌍히 여기소서.

하나의 신앙을 고백하나,

서로 다른 길 위에 서 있습니다.

때로는 존재를 말하고도 실존을 잊었으며,

때로는 실존을 부르짖으며

존재의 뿌리를 잃어버렸습니다.

존재를 떠난 실존은 방향을 잃고 방황하며,

실존을 품지 못한 존재는 생명의 울림을 잃고,

죽은 교리와 메마른 체계로 전락합니다.

사실, 우리는 알고 있습니다.

존재 없는 실존은 자기 구원의 무대가 되고,

실존 없는 존재는 닫힌 성채가 되어,

서로를 향해 돌을 던지는 전쟁터를 만들어 왔음을.

우리를 불쌍히 여겨 주소서.

흩어진 우리를 하나의 고백으로 모아 주소서.

서로의 눈을 들여다보며,

서로를 품게 하소서.

교단의 이름이 다르고,

신념의 색이 달라도,

공동의 고백 안에서

우리는 모두 하나임을 기억하게 하소서.

존재는 실존 안에서 숨 쉬고,

실존은 존재 안에서 뿌리내리게 하소서.

우리 모두 하나임을 기억하게 하소서.

우리를 당신의 숨으로 엮으소서.

이 부르심이

역사 속에서 구체적으로 살아내야 할

현재적 요청이 되게 하소서.

우리 모두를 성령의 얼로 새롭게 하소서.

탐욕과 아我를 버리는 얼의 혁명,

서릿발 같은 생명의 역사를 알알이 정립하고

살아 있는 얼과 넋으로 하나 될 수 있는 자유를 주소서.

모든 아집과 고통으로부터의 자유,

내면세계의 정신적 자유,

고통받는 세계를 해방시키는 자유,

인간의 이기심으로 고통받는

자연과 우주를 해방시키는 자유,

생명 평화 정의 사랑을 가능케 하는 자유.

그리고

이 위대한 자유를 실현케 하는

그곳에

한 목소리로 고백하는

주님의 교회들이 있게 하소서.